GUILLAUME
SOMMERER

PLACEMENTS VERTS MYTHES ET RÉALITÉS

CE QUE VOUS GAGNEREZ À Y INVESTIR

éditions du
ROCHER

Éditions du Rocher
9, espace Méditerranée – 66000 Perpignan
10, rue Mercœur – 75011 Paris

www.editionsdurocher.fr

ISBN : 978-2-268-10483-6
EAN Epub : 9782268104980

« Un arbre qui tombe fait plus de bruit
qu'une forêt qui pousse. »
proverbe africain

Introduction

L'épidémie de coronavirus hissera-t-elle la santé au firmament des préoccupations des investisseurs ? L'arrivée de cette imprévisible maladie a révélé un spectaculaire rejet des risques sanitaires incontrôlés, et avec lui nos angoisses face aux risques environnementaux : l'humanité a brutalement repris conscience depuis 2020 de sa vulnérabilité. Seul le temps long dira si ce virus change profondément notre façon de vivre et de consommer, mais cet épisode s'ajoute à une série d'autres : le XXIe siècle se distingue déjà des précédents par cette volonté farouche d'évacuer la mort et l'inconfort de nos vies, en jugulant tout risque sanitaire, environnemental et social. Partout, des Parlements aux médias et aux réseaux sociaux du monde entier, il n'est question que d'interroger nos pratiques et de confronter l'homme à son avenir sur Terre et au devenir de la planète. Les Grecs nous ont légué leurs mythes et leur philosophie, la Renaissance sa quête de l'harmonie ; notre siècle sera-t-il de cette trempe, et proposera-t-il un nouveau dessein ? Construirons-nous une conscience universelle et partagée de notre rapport à l'environnement et découvrirons-nous enfin les solutions pratiques qui garantiront notre avenir, notre développement et notre confort en même temps que ceux de la planète ? Après des décennies de développement industriel effréné et d'amélioration de la qualité (et de l'espérance) de vie, notre génération proposera-t-elle des solutions de développement plus harmonieuses vis-à-vis de la nature et un modèle de croissance plus équitable et efficace ? Nous avancerons collectivement grâce aux actes (petits et grands) de chacun : du citoyen aux dirigeants, des consommateurs aux industriels, des épargnants aux banques et aux fabricants de produits financiers. Traditionnellement perçu comme le « nerf de la guerre », l'argent mieux utilisé pourrait devenir enfin la sève d'une société plus harmonieuse, engagée autour de valeurs partagées.

Sans l'effort de tous les acteurs financiers, il restera difficile d'imaginer un monde durablement meilleur : l'argent doit être mis au service de la bataille environnementale et sociale dont notre siècle exprime le besoin. Des clients des banques (que nous sommes tous) aux investisseurs les plus chevronnés, chaque rouage de l'économie s'implique déjà. L'ampleur des défis est peu à peu admise par les acteurs financiers, et les épargnants eux-mêmes affichent une volonté nouvelle d'orienter leurs investissements vers des projets durables, aussi positifs pour l'environnement qu'altruistes.

La gravité des défis saute en effet aux yeux de tous. Selon l'ONU, il y a eu au cours des vingt dernières années 335 catastrophes par an dans le monde, soit 14 % de plus par an que durant la période comprise entre 1995 et 2004, et presque le double du chiffre enregistré chaque année entre 1985 et 1995 ! Environ 90 % des catastrophes enregistrées dans le monde depuis vingt ans ont été causées par des phénomènes liés au climat : inondations, tempêtes, canicules ou sécheresses. « Chasse la nature à coups de fourche, elle reviendra au pas de course[1] », prévenait le poète latin Horace il y a déjà plus de vingt siècles…

À mesure qu'elles se multiplient, ces catastrophes coûtent aussi de plus en plus cher : selon la Banque mondiale, les pertes s'élèvent à environ 200 milliards de dollars par an depuis une décennie, soit quatre fois plus que dans les années 1980 ! Les assureurs français n'échappent d'ailleurs pas au phénomène : le coût des catastrophes naturelles a triplé en dix ans[2], au point de dépasser les primes payées par les clients et d'entraîner une hausse désormais continue des tarifs.

Combien d'argent faudrait-il investir pour limiter le coût des catastrophes naturelles ? Quelles seraient les dépenses indispensables pour limiter l'impact du réchauffement climatique mondial et préserver les équilibres ? Philippe Zaouati est l'un des pionniers de la finance durable en France, et le fondateur de Mirova : pour lui, il faudrait, rien qu'à l'échelle de la France, investir 50 à 70 milliards d'euros par an pour impacter efficacement le cours des choses. Or on n'en était ces dernières années qu'à 20 milliards d'euros d'investissements en moyenne : le chemin s'annonce encore long, l'engagement de chacun devra être renforcé. Le plan de relance annoncé par la France en septembre 2020 marque une nette accélération (plus de 30 milliards d'euros sont dévolus à la transition environnementale) qui devra être confirmée dans la durée…

1. Horace, *Les Épîtres*, I, X, 24.
2. Rapport de l'ACPR, 2018.

Les acteurs financiers s'emparent donc du sujet. Un motif d'espoir pour la suite? La finance « responsable », sensible aux enjeux sociaux et environnementaux, monte en puissance à une vitesse désormais significative : cet ouvrage s'en fera le témoin, et dévoilera toutes les opportunités d'investissement désormais disponibles pour les épargnants. Quels que soient ses moyens, chacun peut en effet devenir acteur des changements en cours! À travers l'assurance vie, l'immobilier ou la Bourse, les épargnants ont désormais à leur disposition une myriade d'instruments susceptibles de redonner du sens à leurs investissements sans sacrifier la performance financière. Fin 2018, plus de 30 700 milliards de dollars étaient déjà officiellement gérés selon des critères « responsables » sur les principaux marchés financiers des pays développés! Un chiffre amené à s'amplifier : les géants de la finance convertissent à tout-va les placements proposés aux investisseurs. JP Morgan AM et même BlackRock – le principal gérant d'actifs au monde – promettent de mettre les critères environnementaux, sociaux et de gouvernance au cœur de leur stratégie commerciale. Une vague verte submerge la finance mondiale et les placements proposés aux épargnants verdissent à vue d'œil! Selon Morningstar, les actifs gérés dans des fonds « durables » en Europe atteignaient 668 milliards d'euros à fin 2019, en hausse de 56 % sur un an[3]! La France peut d'ailleurs s'enorgueillir d'attirer de plus en plus d'investisseurs soucieux de ces thématiques : en un an, les encours des fonds durables ouverts aux épargnants français ont presque doublé, atteignant 278 milliards d'euros à la fin de l'année 2019, contre

3. À comparer avec une croissance des fonds européens dans leur ensemble trois fois moindre (+18 % sur la même période).

149 milliards d'euros l'année précédente[4]. Le nombre de fonds durables proposés aux épargnants a aussi augmenté de près de 50 % en à peine un an, passant de 488 à 704[5] !

La vitesse à laquelle les émetteurs de placements et de produits financiers convertissent leurs produits est supersonique. De plus en plus de placements sont ainsi pilotés selon des critères ESG (Environnement, Social, Gouvernance), et excluent de financer les secteurs les plus décriés (tabac, charbon, pétrole…). Depuis 2015 et les accords de Paris sur le climat, l'investissement responsable a donc changé de dimension : l'opinion publique et les réglementations poussent désormais tout le monde à l'action.

Il est probable que le mouvement s'accélère encore, la crise du coronavirus ayant renforcé les exigences des citoyens et des épargnants. Les confinements forcés en 2020 ont eu des effets positifs. Ils ont permis quelque temps de redécouvrir les effets bénéfiques d'une baisse drastique des émissions de CO_2 : un tourisme de masse assagi a rendu aux eaux de Venise et aux ports du monde entier leur aspect cristallin ; le trafic routier moins actif a amélioré la qualité de l'air dans les grandes villes et apaisé le niveau sonore. « Il ne faut jamais gaspiller une crise », écrivait Winston Churchill : cette crise sanitaire inspirera probablement de plus en plus d'appels au changement et d'initiatives. Elle aura conforté les partisans d'une croissance apaisée, mais la crise économique qui en découle rappelle aussi la nécessité de relancer l'activité et les créations d'emplois. Les différents plans de relance annoncés depuis 2020 visent justement à choyer les emplois

4. Source : Novethic.

5. 704 fonds respectaient les critères sociaux, environnementaux ou de gouvernance à la fin 2019, selon l'indicateur Novethic.

et la croissance de demain tout en protégeant mieux l'environnement. La Commission européenne a même annoncé à la fois un plan de reconquête économique et de nouveaux objectifs de réduction des émissions de gaz à effet de serre à l'horizon 2030 : ces dernières devront avoir reculé de 55 % par rapport à leur niveau de 2018 alors que le précédent objectif visait une baisse de « seulement » 40 %.

Cette mutation de la croissance est donc un défi pour nous tous comme pour l'industrie financière : il s'agit de mettre l'argent des placements aussi au service des énergies propres et du bien-être collectif, alors que depuis deux siècles les flux financiers n'ont cessé d'être investis dans les seules énergies de croissance jusqu'ici connues – le charbon et le pétrole. Étienne Espagne est économiste à l'Agence française de développement. Pour lui, « nous étions entrés depuis deux cents ans dans l'ère géologique du “capitalocène” où l'argent a fini par façonner la géologie et la planète [...]. Or aujourd'hui, ce “capitalocène” doit essayer de verdir ses pratiques, les capitaux et la finance pour mieux protéger les ressources. Il y a une claire urgence, mais ce sont les douze travaux d'Hercule[6] ».

À mesure qu'ils convertissent les placements aux causes altruistes ou environnementales, les acteurs financiers doivent aussi relever de nouveaux défis : comment proposer des placements à la fois plus « responsables » et rentables, capables d'attirer une majorité d'investisseurs ? Comment,

6. Étienne Espagne, interviewé dans l'émission *Entendez-vous l'éco*, 30 janvier 2020, France Culture, présentée par Tiphaine de Rocquigny. Étienne Espagne se réfère également à l'ouvrage collectif dirigé par Michel Aglietta, *Capitalisme, le temps des ruptures*, éditions Odile Jacob, 2019.

aussi, convertir les gestionnaires de produits financiers à des causes éthiques ; alors qu'elles n'étaient jusqu'ici que rarement prioritaires dans leur stratégie d'investissement ? Cet ouvrage tentera de démontrer que la quête de placements éthiques ou responsables n'entraîne pas forcément de moindre rentabilité financière. Un certain nombre d'investissements « responsables » sont au contraire plus rentables que les autres : les épargnants découvriront ici comment, bien choisis, les fonds engagés sur des thématiques « durables » ont encore prouvé leur résistance pendant la crise du coronavirus. La société Montpensier Finance dresse un constat encourageant : « En Bourse, sur 32 indices composés d'actions ou d'obligations "durables" créés par Morningstar ou encore MSCI, 94 % d'entre eux ont obtenu une meilleure performance que leurs indices de référence au premier trimestre 2020, au pire de la crise [du coronavirus]. Du 1er janvier au 30 avril 2020, en incluant le rebond des marchés qui accompagna le premier déconfinement, ce score atteignait encore 88 %. » À l'inverse, le quartile des entreprises les plus mal notées sur les critères environnementaux, sociaux et de gouvernance affiche des performances inférieures au reste du marché chaque année depuis trois ans de 150 points de base ! Les placements solidaires prouvent donc l'ampleur de leur potentiel financier à mesure que les risques sanitaires, environnementaux et sociaux s'aggravent.

Mais ces placements « responsables » ont un coût : ils prélèvent parfois des frais plus élevés. Leur efficacité les justifie-t-elle ? Peuvent-ils coûter durablement plus cher que les autres placements, au risque de refroidir un certain nombre d'investisseurs ? Jusqu'où les épargnants seront-ils prêts à assumer ces surcoûts ? Autant d'enjeux que cet ouvrage tentera aussi d'éclairer, au bénéfice des particuliers en quête de solutions accessibles à tous.

Jusqu'ici, les épargnants jouent le jeu : ils « achètent » de plus en plus nombreux ces nouveaux placements « responsables ». 67 % des Français sont prêts à modifier leurs placements financiers pour être en cohérence avec les valeurs de la finance utile[7] ! De plus en plus, ils souhaitent voir pris en compte de façon prioritaire les sujets environnementaux : la lutte contre la pollution doit devenir un sujet d'investissement important pour 80 % des épargnants ; le changement climatique pour 71 % d'entre eux. Les Français voient vert !

L'investissement socialement responsable (ISR) remodèle donc le paysage des placements. Mais la musique ne bat-elle pas trop vite ? Vincent Auriac est l'un des pionniers de la finance altruiste en France, et président d'Axylia. Il se demande « si l'ISR est toujours gage d'investissements sincèrement responsables » : Le *greenwashing* est-il toujours évité ? Et l'immobilier peut-il imaginer devenir un jour bénéfique pour l'environnement alors qu'il occupe par nature plus d'espace ? Autant de questions nouvelles et d'enjeux que posent ces nouveaux placements. De même, les placements « responsables » suivent-ils des objectifs environnementaux véritablement cohérents et efficaces à la fois pour la planète et pour nous tous ? Les promesses n'engagent que ceux qui y croient : les investisseurs « responsables » doivent s'interroger et « challenger » les produits qui leur sont proposés.

De même, les placements verts n'ont-ils pas leurs effets pervers ? Les entreprises positives pour l'environ-

7. Étude réalisée en 2018 par Patrimonia en partenariat avec Sycomore AM.

nement accélèrent la transition et donc aussi la destruction d'emplois au sein des industries en retard, vieillissantes ou polluantes. Les placements soutenant la seule lutte contre le réchauffement climatique oublient parfois de tenir compte des conséquences sociales de leurs choix… La nature veut-elle le bonheur des hommes ? et sa préservation peut-elle être l'unique cap des placements « responsables » ? « La nature est de droite, l'homme est de gauche », avait osé l'écrivain suisse Charles-Ferdinand Ramuz. Les investisseurs « responsables » doivent donc eux aussi faire un effort de lucidité : pour préserver notre avenir, faut-il seulement sauver le climat ou tenter aussi de contrôler les effets sociaux et économiques indésirables de la transition ? Quels placements tentent d'aborder toutes les problématiques à la fois et cherchent à encourager une transition au bénéfice de tous ? Au royaume des bonnes intentions, les effets pervers peuvent être nombreux… Cet ouvrage vous apportera donc, aussi, les clés pour trouver les placements dont l'impact global est le plus positif, ceux capables de défendre toutes les causes auxquelles vous croyez sans exclusive. De la Bourse à l'immobilier et de l'assurance vie à l'épargne salariale, les outils d'action sont nombreux.

Les épargnants pourraient-ils un jour préférer les placements « responsables » à tous les autres ? Le potentiel de progression reste en effet gigantesque : ils ne captent pour l'instant qu'une très faible part de l'épargne des Français. Malgré leur montée en puissance et les efforts déployés pour les rendre attractifs, leurs encours (278 milliards d'euros fin 2019) restent six fois inférieurs à ceux de l'assurance vie ! Un immense effort de pédagogie reste donc à entreprendre. De même, les fonds d'investissement en actions labellisés

« socialement responsable » (ISR ou Greenfin) restent très minoritaires. Fin 2019, ils représentaient encore moins de 7 % de la gestion collective française[8]. Si une part croissante de l'épargne des Français venait à s'investir dans les placements responsables plutôt que dans les fonds euros[9] ou sur le Livret A[10] par exemple, l'impact sur l'environnement et les pratiques des différents acteurs s'en trouverait largement accru. Le potentiel est connu, l'avenir (et l'impact) des placements verts reste à construire largement ! À l'échelle mondiale aussi, le potentiel est énorme. Les placements proposant d'investir en obligations vertes ne sont encore qu'une goutte d'eau : ils représentaient en 2018 entre 0,4 % et 2 % (selon les sources) des encours mondiaux d'obligations. D'importants progrès sont possibles !

Comment convertir davantage de cœurs et d'esprits ? Comment accroître aussi la visibilité des placements « responsables » dans l'océan des produits proposés ? Aujourd'hui, et malgré leur montée en puissance, seuls 24 % des Français déclarent connaître l'existence des placements en finance durable et seuls 5 % d'entre eux les connaissent « avec précision[11] » ! Les distributeurs de placements[12] doivent donc, eux aussi, redoubler d'efforts. Mais connaissent-ils suffisamment ces nouveaux produits

8. La France comptait fin 2019 quelque 379 fonds strictement labellisés, soit seulement 148 milliards d'encours. Source : Novethic.

9. Les fonds euros cumulaient plus de 1 700 milliards d'euros d'encours en 2020.

10. Le Livret A et le LDDS cumulaient 428 milliards d'euros d'encours en mai 2020.

11. Étude Audirep pour l'AMF, septembre 2019.

12. Qui sont les « distributeurs de placements » ? Les conseillers bancaires, les plates-formes de distribution sur Internet, les conseillers en gestion de patrimoine, les assureurs…

tournés vers la planète et autrui ? Maîtrisent-ils vraiment les enjeux « responsables » ? Leur expertise des domaines environnemental et social est-elle validée, et peut-elle aider sérieusement les particuliers à mesurer l'impact de leurs placements ? Un immense travail reste à accomplir afin d'assurer la promotion et d'asseoir la crédibilité des conseils auprès des épargnants.

Pour les amener à investir au-delà du traditionnel fonds euros ou du Livret A, il faudra enfin leur redonner confiance en eux-mêmes : 60 % des épargnants pensent encore que les placements responsables sont réservés « à ceux qui s'y connaissent suffisamment[13] ». Cet ouvrage tentera d'élargir leur cercle, d'y inclure chacun, et d'encourager tous les acteurs économiques à contribuer au succès et à l'efficacité de ces placements. Les leviers sont nombreux, de la Bourse à l'immobilier en passant par les livrets bancaires ou l'assurance vie. Et nous tous sommes importants : épargnants, consommateurs, retraités, salariés, investisseurs, financiers, entrepreneurs, patrons… La société, assoiffée de sens mais pétrie d'angoisses, nous appelle à agir.

13. Étude de l'Institute for Climate Economics, Inspection générale des Finances.

1

Un monde allant « vert » !

> *« On ne peut vaincre la nature qu'en lui obéissant. »*
>
> Francis BACON, *Novum Organum*

Les placements responsables poussent de tous côtés sur un terrain de plus en plus fertile. Les esprits s'éveillent aux quatre coins du monde à la protection de la planète et de l'humanité elle-même. De plus en plus informés, les citoyens prennent conscience de leur empreinte, des effets de leurs modes de vie et de leurs actes. La finance ne fait que suivre le mouvement : embarquée dans un processus qui la dépasse, elle suit un monde qui peut-être pour la première fois fait tout pour tourner autrement.

Les signes de la « mise au vert » des consciences sont innombrables, au premier rang desquels la montée spectaculaire du vote écologiste. Les partis écologistes ont recueilli plus de 17 % des suffrages en France aux européennes de

2019[1], un record ensuite confirmé par le résultat des municipales dans les grandes villes! Plus révélateur encore : tous les partis mettent désormais en avant des arguments et des mesures de protection de la planète. De gauche à droite, des souverainistes aux libéraux, tous se sont convertis : l'écologie s'est bien affranchie des chapelles partisanes pour irriguer toute la société, et toutes les cibles électorales! L'esprit de « responsabilité » (défense de la planète et des causes altruistes) souffle sur des couches de la population de plus en plus larges. Tous les secteurs économiques l'ont d'ailleurs compris, et même les entreprises aux activités réputées les plus polluantes se doivent d'embrasser les causes environnementales : pour adapter leur offre à cette nouvelle demande, les constructeurs automobiles promettent tous des véhicules de plus en plus propres! La réglementation environnementale et sociale de plus en plus stricte pousse aussi les divers acteurs à toujours plus d'efforts : l'Europe notamment tente de prendre le leadership mondial de la transition écologique à coups de réglementations de plus en plus protectrices de l'environnement, mais contraignantes pour les industriels. Le Parlement européen a voté la prochaine baisse réglementaire des émissions moyennes de CO_2 des voitures vendues neuves au sein de l'Union européenne, dont le taux doit entrer en vigueur en 2030. Les parlementaires se sont entendus sur une baisse d'au moins 37,5 % des rejets pour les voitures (31 % pour les camionnettes) par rapport au taux prévu pour 2021! La norme en 2030 pour les voitures sera donc de 59 grammes par kilomètre, et encore moins si de nouveaux objectifs encore plus drastiques sont annoncés à

1. Europe Écologie Les Verts : 13,5 % des voix; Urgence écologie : 1,82 %; Parti animaliste : 2,17 %.

l'avenir[2]. Ambitieux ? Difficile à atteindre ? Actuellement, seuls les véhicules électriques à batterie ou à pile à combustible ainsi que les plus sobres des hybrides rechargeables affichent des rejets de CO_2 compatibles avec cette nouvelle norme… Les modèles 100 % thermiques, mais aussi les hybrides légers et hybrides classiques sont au-dessus.

Pas un segment de la société n'échappe au vent puissant des investissements responsables. Même les pétroliers, spécialistes de l'or noir, promettent un eldorado vert : qui s'en plaindra ? Total consent maintenant à parler de « neutralité carbone » pour ses activités en Europe en 2050, y compris pour les émissions liées à ses produits et services. Le P.-D.G. de Total, Patrick Pouyanné, veut même que son groupe devienne à terme « un citoyen européen modèle ».

Toutes les sphères de la société semblent vouloir tourner mieux, et s'engager dans des stratégies ambitieuses pour le bien-être des hommes et de la planète. Même les États et les institutions supranationales, réputés lents et toujours en retard d'une bataille, prennent le taureau par les cornes et se transforment à un rythme inattendu. La France a annoncé en 2020 un plan de relance dédiant 30 milliards d'euros à la transition écologique, et l'Union européenne compte orienter une bonne part de son propre plan de relance aux énergies vertes. Même la Banque centrale européenne compte revoir de fond en comble ses objectifs et ses moyens : dès le début de son mandat, sa présidente Christine Lagarde a mis en garde contre le « danger de ne rien faire » pour protéger le

2. La Commission européenne ayant à nouveau renforcé ses objectifs globaux de réduction des émissions de CO_2 dans le cadre du plan de relance détaillé en septembre 2020, il est probable que les nouvelles normes appliquées au secteur automobile soient elles aussi encore durcies…

climat, assurant que cet enjeu serait intégré à la revue stratégique de l'institution. La BCE bientôt Banque du climat? Une piste évoquée par les analystes serait de « verdir » les rachats d'obligations publiques et privées, le fameux *QE*[3] par lequel la BCE a engagé plus de 2 600 milliards d'euros depuis 2015 pour soutenir l'économie, en l'orientant vers des titres respectant des critères environnementaux.

Les activités humaines pourraient donc, de plus en plus, tenir compte de l'environnement. En tout cas les ambitions affichées sont prometteuses!

Des ambitions peut-être révélatrices d'un tournant plus profond de l'homme : même certains textes religieux sont aujourd'hui revisités au prisme de l'urgence planétaire et du besoin exprimé d'un modèle de développement plus durable. Le pape François n'est-il pas, lui-même, en train de nuancer le rapport des chrétiens à la nature? La tradition chrétienne a longtemps justifié la suprématie de l'Homme sur la nature par la supériorité de l'âme sur le corps. La Bible est d'ailleurs très claire, en disant aux hommes : « Emplissez la terre et soumettez-la; dominez sur les poissons de la mer, les oiseaux du ciel et tous les animaux » (Gn 1,28). Une vision que nuance aujourd'hui le pape : l'encyclique *Laudato Si'* consacre quelques pages au climat, à l'eau et à la biodiversité! Il y souligne le lien entre ces différents sujets, et évoque les pistes d'action selon lui nécessaires : trouver un meilleur équilibre entre l'homme et son environnement, en cessant de le surexploiter. Ainsi l'homme n'est-il plus le

3. *QE* : « *Quantitative Easing* », instrument d'expansion monétaire visant à soutenir les marchés et, *in fine*, abreuver le système financier et l'économie de liquidités.

maître absolu de la création : s'il a le droit d'en user, il n'a pas celui d'en abuser. À travers cette encyclique, l'Église pose donc les bases d'une nature finie qu'il conviendrait de protéger des envies infinies de l'homme. Cette encyclique de 2015 fut publiée avant même le tournant mondial de la COP21 : la démarche pontificale s'ancre donc au-delà (et au-dessus) des agendas politiques.

Face à une telle unanimité, dans autant de pays et de civilisations différentes et de façon simultanée, comment la finance et l'univers des placements pourraient-ils résister ou se sentir exonérés d'efforts en faveur d'un monde plus juste et équilibré ? Comment les futurs placements pourraient-ils même convaincre et attirer, alors que les citoyens comme les institutions se convertissent si rapidement, et alors que les objectifs des investisseurs eux-mêmes semblent évoluer dans le même sens ? Les acteurs de la finance l'ont compris depuis plusieurs années déjà : pour se réconcilier avec les citoyens et trouver leur place dans le monde qui surgit, leurs produits et les placements proposés aux épargnants devront intégrer des critères éthiques, et leur permettre de poursuivre (à travers leurs investissements) des objectifs responsables en phase avec leurs nouvelles attentes.

Des paroles et des actes

Car la société, elle, ne se contente ni de slogans ni d'intentions : beaucoup d'acteurs souhaitent avancer pour de bon. « Nous ne regardons plus ailleurs », finissait par constater le journal *Les Échos* début 2020, exemples multiples à l'appui. Dans les mers par exemple, on pêche enfin moins abusivement : « En dix ans, la part des poissons qui peuvent être pêchés dans les eaux françaises sans être menacés est passée de 18 % à 43 % et celle des espèces jugées reconstituables de 4 % à 6 %. Inversement, la proportion de poissons en situation de surpêche a fortement diminué, passant de 33 % à 23 % sur une décennie[4]. » Les émissions de CO_2 émanant du secteur de l'énergie ont, elles, cessé de progresser en 2019 pour la première fois depuis 2009[5] avec cet exploit en filigrane : les émissions ont stagné en phase de croissance économique alors qu'en 2009 leur baisse venait d'une récession et d'un contexte économique de crise.

Autre résultat tangible des politiques menées et des efforts de chacun : la consommation électrique française repart à la baisse ! La consommation d'électricité a reculé de 0,5 % en 2019, à son plus bas niveau depuis dix ans[6] et ce malgré la poursuite de la croissance économique (le coronavirus n'avait alors pas sévi !). La consommation française d'électricité est d'ailleurs entrée dans une phase de relative stabilité depuis 2010, note RTE dans son « Bilan électrique » annuel : une tendance qui provient « d'un ralentissement progressif de la croissance de la demande observé depuis plusieurs décennies pour s'établir à un niveau nul depuis 2010 ». En cause, la clémence des températures sur la période mais aussi l'essor des services dans l'économie : or, ajoute RTE, « les services sont de quatre à cinq fois

4. David BARROUX, rédacteur en chef du journal *Les Échos*, dans l'édition du 11 février 2020 : https://www.lesechos.fr/idees-debats/editos-analyses/nous-ne-regardons-plus-ailleurs-1170952
5. Rapport de l'Agence internationale de l'énergie, 11 février 2020.
6. « Bilan électrique 2019 » de RTE.

moins consommateurs d'électricité que le secteur industriel à niveau de production équivalent ».

Les économies d'énergie aussi expliquent la moindre consommation d'électricité : « La diffusion et le renforcement des actions d'efficacité énergétique au sein des bâtiments génèrent une baisse de consommation d'électricité pour satisfaire le même besoin. » La diffusion par exemple des ampoules et lampes DEL imposée par le retrait des ampoules à filament et halogènes, plus gourmandes en électricité, expliquerait en partie la baisse tendancielle de la consommation.

Nos sociétés sont donc en train de muter et d'en récolter les tout premiers fruits : tous les acteurs ne se paient pas de mots lorsqu'ils scandent les termes « transition », « verdir », ou encore « responsabiliser ». À bas bruit, nos sociétés commencent déjà à engranger les tout premiers résultats des stratégies mises en place depuis vingt ans ! Bien sûr, il faudra aller beaucoup plus loin, mais acceptons de voir et de reconnaître comme telles ces toutes premières bonnes nouvelles ! Le monde de la finance continuera lui aussi de se convertir et proposera aux épargnants des produits adaptés aux nouveaux enjeux si les diverses actions menées par ailleurs prouvent leur efficacité ! Et si tous les pans de l'économie continuent d'améliorer leur impact sur la planète et le fonctionnement de nos sociétés.

Une prise de conscience mondiale

Malgré toutes les failles encore béantes, de nombreux pays essayent peu à peu d'améliorer leurs pratiques et de suivre le même cap ! Le volontarisme irrigue tous les continents. La Chine, systématiquement pointée du doigt comme « premier pollueur de la planète », est probablement aussi l'un des pays les plus avancés dans la transition écologique. Les mesures pour encourager les véhicules propres sur son territoire sont puissantes. Les autorités de Shanghai ont même créé une loterie d'attribution des plaques d'immatriculation, entraînant une flambée de leurs prix. Celui des plaques d'immatriculation des voitures à moteur thermique atteint depuis 2017 plus de 10 000 dollars ! Nicolas de Toledo est le fondateur de Mosaiq et spécialiste des voyages d'affaires en Chine : « Ce montant se révèle très dissuasif. Les deux-roues à moteur thermique sont totalement interdits depuis des années ; un écosystème de manufactures de véhicules électriques s'est donc développé. Les Chinois produisent des batteries, des scooters, des trottinettes, des voitures et des bus électriques à des prix très abordables. À Shenzhen, la production de *low speed electric vehicles* a le vent en poupe. Ces véritables tuk-tuk électriques ne coûtent que 3 000 dollars. Ils sont si faciles à construire que beaucoup d'entreprises se ruent sur le créneau. » La transition se poursuit donc à marche forcée : « Plus de 3 millions de véhicules électriques circulent déjà sur les routes chinoises et le pays compte 400 000 bus électriques alors qu'aux États-Unis il n'y en a que quelques centaines[7] ! » Shenzhen est déjà doté d'un réseau de bus et taxis entièrement électriques. D'ici 2025, la Chine vise un quart de véhicules électriques ou hybrides, même si moins de 5 % des ventes sont consacrées

7. Nicolas de Toledo, interview sur *Allnews*, février 2020 (https://www.allnews.ch/content/interviews/cap-sur-le-d%C3%A9veloppement-durable).

à ces véhicules dans le pays aujourd'hui. Le géant asiatique, plus grand marché automobile mondial, cherche ainsi à réduire ses émissions polluantes mais aussi sa dépendance envers le pétrole étranger. Le président chinois Xi Jinping a même annoncé à l'automne 2020 sa décision d'atteindre la neutralité carbone en 2060 : une façon, aussi, de briller face aux reculades américaines en la matière…

La lutte contre le réchauffement climatique mobilise donc (presque) tous les continents ! « Elle unit le monde comme jamais les empires, les religions ni les monnaies n'avaient réussi à le faire jusqu'alors », souligne Guillaume Pitron, spécialiste des matières premières. La preuve : « Le premier "accord universel de notre histoire", selon les termes de l'ancien ministre des Affaires étrangères Laurent Fabius, ne fut pas un traité de paix, de commerce ou relatif à la régulation financière ; ce fut l'accord de Paris, signé en 2015 à la suite de la COP21, c'est-à-dire… un traité sur l'énergie[8] ! »

Le monde qui s'éveille a donc de quoi enthousiasmer : il unit de nombreux pays du monde autour d'objectifs partagés, crée des emplois verts dans des filières d'excellence (les derniers plans de relance viennent encore renforcer ce potentiel), ouvre des marchés nouveaux, et selon de nombreux spécialistes pourrait permettre à l'Europe de trouver un rôle majeur sur l'échiquier énergétique mondial : après des décennies consacrées au pétrole et tournées vers le Moyen-Orient, les énergies vertes de demain pourraient consacrer nos filières de recherche technologique (comme

8. Guillaume PITRON, *La Guerre des métaux rares*, Paris, Les Liens qui libèrent, 2018.

celles de la Chine ou des États-Unis...). Les placements verts placeront-ils l'Europe aux avant-postes de la compétitivité mondiale ? Lui offriront-ils la souveraineté énergétique qui lui faisait défaut ? La finance verte et « responsable », en abreuvant des filières plus propres et en encourageant les énergies d'avenir, pourra elle aussi encourager la redistribution des cartes mondiales de l'énergie...

Vers un nouveau « *California Dream* » ?

L'État de Californie, pionnier de l'usage de véhicules à essence depuis les années 1950, va interdire la vente des voitures thermiques en 2035.

Les effets escomptés sont importants : -35 % des émissions de gaz à effet de serre, -80 % pour l'oxyde d'azote.

Un tournant pour ce royaume du tout voiture, en première ligne des changements climatiques (les incendies de forêt en 2020 y ont ravagé un million d'hectares* : un record depuis le début des statistiques sur le sujet en 1932).

*Données sur 9 mois (de janvier à septembre 2020).

Les entreprises aux commandes

Cette nouvelle économie plus « responsable » (et couplée aux nouvelles technologies vertes) fera-t-elle émerger un capitalisme plus vert et vertueux ? Cette question irrigue désormais sans limite les débats de notre époque. Même les placements et la finance intègrent en effet les enjeux éthiques, environnementaux et sociaux et tentent d'adapter leur offre. Ce livre, je l'espère, vous en convaincra et vous donnera envie d'agir pour l'avenir du monde à travers vos investissements : ils sont l'un des principaux leviers d'action à portée de main.

Un signe encourageant supplémentaire pour la finance : les initiatives vertes et « responsables » se multiplient aussi dans le monde de l'entreprise. Un signal pour la finance car, comme elle, les entreprises ne choisissent jamais « gratuitement » de privilégier telle ou telle stratégie : elles suivent toujours les caps dont elles pensent qu'ils pourront s'avérer rentables. Si un nombre conséquent d'entreprises financièrement performantes se lance dans une stratégie plus « responsable », verte ou altruiste, c'est bien qu'un marché s'est créé et qu'elles y voient des perspectives de croissance prometteuses. Pour la finance « responsable », ces entreprises de plus en plus vertes, éthiques et rentables représentent autant d'opportunités d'investissements ! Plus les entreprises se lanceront nombreuses dans la bataille verte, plus les fabricants de produits financiers y verront un terrain d'investissements prometteur. Un cercle vertueux !

Même le pétrole veut devenir vert !

Le destin des placements, c'est en effet d'épouser les évolutions de la société en captant les opportunités qui en émergent, à travers l'investissement dans les entreprises à fort potentiel. Les acteurs financiers doivent proposer aux épargnants des placements qui répondent à leurs attentes mais aussi des placements agiles, qui épousent les nouvelles tendances.

Le « verdissement » de nombreux secteurs économiques et de nombreuses entreprises pousse donc l'offre de placements à évoluer elle aussi, en collant aux nouvelles tendances ! D'autant que même les secteurs réputés les plus polluants tentent désormais leur révolution verte. L'exemple le plus spectaculaire nous vient du pétrole : les spécialistes de l'or noir verdissent à tour de bras leur activité ! Les entreprises les plus consommatrices de pétrole aussi s'y mettent, profitant des nouvelles technologies pour adapter leur offre et améliorer leur consommation énergétique. Les compagnies aériennes constituent un exemple criant : des avions de plus en plus légers, et une consommation de carburant par passager de plus en plus faible bien qu'encore excessive. Certaines compagnies vont plus loin : Finnair a ainsi choisi de supprimer tous ses services de vente au détail à bord de tous les vols en Europe depuis le printemps 2020. De quoi alléger le poids de chaque avion en vol de 50 à 100 kilos… et réaliser une économie de 70 tonnes de carburant chaque année !

Les efforts de certaines compagnies aériennes sont louables, mais d'autres acteurs dépendant du pétrole vont encore plus loin : certains pétroliers ont déjà compris qu'ils devront réduire leur dépendance au pétrole pour améliorer leur empreinte sur la planète. Total a décidé d'être l'un des acteurs majeurs de la relance verte et s'est fixé pour objectif d'atteindre la neutralité carbone en 2050 pour l'ensemble de ses activités mondiales, depuis la production de pétrole jusqu'à l'utilisation par ses clients des produits énergétiques vendus. Pour cela, Total diversifie ses activités et a choisi de devenir aussi un acteur des énergies renouvelables : Total doit fournir du gaz et de l'électricité renouvelables à plus de dix millions de clients en Europe à l'horizon 2025[9] ! Le géant français fait quand même l'objet de poursuites pour « inaction climatique ». Selon un rapport de l'Institute for Energy Economics and Financial Analysis (IEEFA), Total et Shell doivent accélérer s'ils souhaitent atteindre les objectifs « durables » qu'ils se sont eux-mêmes fixés. Au regard des moyens dont elles disposent, les multinationales pétrolières ne devraient-elles pas agir encore plus radicalement ?

À l'inverse, les groupes plus petits ont l'avantage de l'agilité et de la rapidité d'action. Ørsted (anciennement DONG Energy) est un producteur d'énergie danois qui opère sa stratégie de transition énergétique en se désengageant des énergies fossiles au profit des énergies renouvelables. Depuis 2006, la consommation de charbon d'Ørsted a déjà diminué de 73 % et ses émissions de CO_2 ont diminué de 67 % ! Dès 2023, l'entreprise se sera complètement désengagée du charbon et fournira de l'énergie verte à 30 millions de personnes. Ørsted s'est ainsi engagé à réduire ses émissions de gaz à effet de serre de 96 % d'ici 2023 par rapport à 2006.

Les entreprises, missionnaires des temps modernes ?

La loi Pacte les pousse désormais à inscrire leur raison d'être dans leurs statuts ! Chacune peut désormais y faire figurer l'intérêt collectif qu'elle poursuit, et souligner les

9. Total estime que ses ventes en 2030 seront composées à 35 % de produits pétroliers et de biocarburants (contre 55 % en 2019), à 50 % de gaz (40 % en 2019) et à 15 % d'électricité (5 % en 2019), essentiellement renouvelable.

enjeux sociaux et environnementaux auxquels elle tente de répondre.
Beaucoup d'entreprises en restent néanmoins aux slogans : plus de la moitié des sociétés du CAC 40 communiquent aujourd'hui sur leur raison d'être sans l'avoir inscrite dans leurs statuts !
À l'inverse, certaines sociétés passent sous le statut de « société à mission », plaçant leur raison d'être sous le contrôle effectif d'un organe de suivi autonome. Il doit vérifier la conformité des décisions de l'entreprise avec sa mission. Pour l'entreprise à mission, ce statut est bien sûr un gage de respectabilité.

Des voitures bientôt moins polluantes

La société avance tous azimuts. Les fabricants de placements et de produits financiers voient pousser autour d'eux un nombre infini d'entreprises plus vertes, éthiques et responsables. Pour eux, c'est évidemment le moment ou jamais de bâtir de nouveaux produits investissant dans ces entreprises « vertueuses » : des placements qu'ils pourront classer « responsables » et dont la valorisation croîtra à mesure que la « montée en responsabilité » des entreprises se poursuivra. Car elle se poursuivra ! Tous les segments de l'économie ont compris qu'ils n'arriveront plus à croître durablement sans adapter leur offre aux exigences de protection de la planète et des hommes.

Le secteur automobile connaît une grave crise car il a entrepris à son tour une transformation en faveur de l'environnement : PSA promet des véhicules 100 % électrifiés d'ici 2025. Michelin compte, lui, écraser la concurrence en devenant leader des pneus à économie d'énergie : des pneus plus résistants dans le temps, avec moins de frottements et permettant donc aux véhicules de moins consommer. Michelin s'est aussi fixé pour objectif de réduire ses émissions de 50 % d'ici 2050 !

Les entreprises ont compris l'intérêt économique d'une telle mutation : coller à la demande pour moderniser les gammes et doper les ventes. Mais ils en comprennent aussi l'intérêt juridique : les réglementations les poussent à verdir leur offre, faute de quoi les amendes qui les attendent deviendront lourdes. Pour les constructeurs automobiles par exemple, les normes environnementales se durcissent : en 2021, de nouvelles règles (définies en 2014) doivent entrer en vigueur et fortement alourdir les amendes ; la moyenne d'émissions de CO_2 autorisée par véhicule descendra à 95 grammes par kilomètre, contre 130 grammes en 2019, et l'amende sera de 95 euros par véhicule et gramme excédentaire. Il serait d'ailleurs très injuste de dire qu'en Europe, les décideurs politiques et les institutions technocratiques sont inactifs et manquent de volonté. Au contraire : les normes sont très contraignantes et contribuent efficacement à accélérer les mutations industrielles.

À l'échelle mondiale également, les normes se durcissent et poussent des secteurs entiers à se verdir ou à améliorer leurs pratiques. Même le transport maritime s'y met : l'Organisation maritime internationale impose depuis 2020 de limiter la teneur en soufre des carburants à 0,5 % contre 3,5 % auparavant. À terme, on peut penser que la limite tolérée sera abaissée à 0,1 %, comme c'est déjà le cas dans certaines régions du monde.

Tous les secteurs dans les *starting-blocks*

Le terreau pour des investissements plus responsables s'enrichit, les débouchés pour des placements protecteurs de l'environnement se multiplient. Après l'automobile, le pétrole, l'aérien, voici un énième secteur polluant qui tente à son tour de se réinventer : le BTP, l'un des plus gros émetteurs de CO_2 au monde. Même si de nombreux acteurs tentent de respecter davantage la planète : Saint-Gobain fabrique des isolants, des verres et même des pare-brise de plus en plus légers, pour alléger les véhicules. Le spécialiste des matériaux de construction apparaît donc de plus en plus souvent dans les placements répondant aux critères ISR (investissement socialement responsable).

Les groupes de luxe se lancent aussi dans la bataille. Kering (propriétaire des marques Gucci, Saint-Laurent, Balenciaga...) tente d'innover pour mieux respecter la planète : « Imaginez que demain nous ne puissions plus exploiter le cuir pour des raisons éthiques ? », s'inquiétait sur BFM Business François-Henri Pinault, le P.-D.G. du groupe : « C'est l'une des hypothèses sur lesquelles nous travaillons, comme le fait à terme de ne peut-être plus pouvoir exploiter non plus le coton. Nous mobilisons donc une équipe d'innovation qui cherche des solutions à ces scénarios de rupture, pour essayer d'anticiper ce type de menaces... On ne peut pas gérer un groupe comme le nôtre à court terme[10]. »

10. François-Henri Pinault, P.-D.G. de Kering sur BFM Business, le 13 février 2018. https://bfmbusiness.bfmtv.com/entreprise/francois-henri-pinault-

Presque toutes les industries anticipent donc une pression amenée à croître durablement concernant l'impact de leurs activités. La surconsommation de plastiques reste l'un des plus grands fléaux mondiaux, mais les utilisateurs commencent aussi à changer leurs habitudes : chez Danone, 100 % des bouteilles sont désormais (depuis 2020) en plastique recyclé. Et le géant agroalimentaire promet de ne plus utiliser du tout de polystyrène dans ses emballages : le gaz utilisé pour fabriquer les bulles de polystyrène est non seulement néfaste à la couche d'ozone, mais pénètre très facilement aussi dans le corps humain…

Les petites entreprises ne sont pas en reste

Elles tentent chacune à leur échelle d'apporter leur pierre à l'édifice : Kusmi Tea, chaîne de boutiques produisant et distribuant des thés naturels, propose par exemple un thé bio engagé pour la défense des tigres sauvages, en partenariat avec WWF. Le nombre de tigres sauvages a en effet chuté de 100 000 au début du XXe siècle, à 3 200 en 2010…

Alors que tout le spectre des entreprises, des plus petites aux plus grandes, tente d'améliorer ses pratiques, comment la finance pourrait-elle rester sur son quant-à-soi et s'exonérer d'efforts ? Difficilement concevable, d'autant que sa mission est justement d'accompagner les grandes tendances (pas les modes), de parvenir à en comprendre tout le potentiel, afin d'en tirer aussi des bénéfices. La finance a donc compris

---

kering-imaginez-que-demain-on-ne-puisse-plus-utiliser-le-cuir-1372414.html

qu'elle devait finalement participer à la transition environnementale à travers une offre de placements adossés aux projets les plus porteurs, afin d'en récolter une partie de la sève au bénéfice aussi des épargnants.

Les fines fleurs de la « *Tech* » veulent aussi verdir

Certaines *start-up* promettent de limiter leur impact environnemental soit en contrôlant strictement leurs process, soit en tentant d'en compenser les effets néfastes.

Quelques mastodontes affichent aussi des objectifs en matière de réduction d'empreinte carbone ou d'impacts. Microsoft, l'un des pionniers mondiaux, promet désormais un bilan carbone négatif d'ici 2030 : ses activités devraient alors capter et éliminer davantage de carbone qu'elles n'en émettent.

Cet engagement, s'il est tenu, doit conduire à l'annulation en 2050 de tout le carbone émis par Microsoft depuis sa fondation en 1975.

Une occasion unique de redonner du sens au capitalisme

Aux yeux de nombreux citoyens, la finance était pourtant devenue une hydre tentaculaire, tournée vers elle-même, aux motivations aussi sournoises qu'égoïstes. Elle apparaissait systématiquement depuis trente ans dans le rôle de la « Méchante », du vice, et même du loup[11] face

11. Voir *Le Loup de Wall Street*, de Martin SCORSESE, 2013 ; *Wall Street*, de Oliver STONE, 1987.

aux gentils petits chaperons rouges que nous aimerions tous être. La course à la rentabilité et aux gains qui a longtemps résumé les acteurs financiers dans l'imaginaire populaire a finalement accouché d'un immense déficit d'image.

La finance est-elle par nature irresponsable ? Sa conversion aux enjeux éthiques et environnementaux, voire sociaux, contredit-elle ses intérêts profonds ? Au contraire. Et pour nous en convaincre revenons à sa « raison d'être » initiale : la finance doit d'abord permettre, à un instant T, de combler un décalage qui existe entre les besoins d'une entreprise (acheter des matières premières, investir dans son outil de production, verser des salaires, etc.) ou d'un ménage (se nourrir, se déplacer, se chauffer, s'habiller) et leurs ressources propres (capacité à générer du profit, salaire). La finance vient combler ce décalage le plus efficacement possible en allouant des capitaux aux projets qui créent le plus de valeur, et qui permettront à leur tour de financer de nouveaux projets. En somme, la finance est bien souvent utile : elle nourrit et renforce les acteurs économiques (nous tous !) en leur donnant les moyens de se développer et de porter leurs projets, et parvient à en tirer elle-même des bénéfices sans lesquels elle ne pourrait pas déployer ses services – services payants, en l'occurrence.

Alors comment en était-on arrivé à une telle défiance ? Pourquoi depuis près de trente ans autant de citoyens rejettent-ils ou méconnaissent-ils un outil *a priori* utile au-delà de lui-même ? Le problème survient (et la défiance grandit) à chaque fois que la finance sort de son lit (sa raison d'être) tel un fleuve sauvage, guidée par l'unique appât du gain. Elle finit alors par œuvrer à son seul et unique service : le capitalisme s'en est trouvé ces dernières décennies en partie « financiarisé ».

Qu'est-ce que le capitalisme financiarisé ? C'est quand la finance devient sa propre fin : elle devient un objectif au lieu d'être une ressource au service de l'économie réelle. Aux yeux du plus grand nombre, nous en étions (nous en sommes) arrivés là : l'économie s'était mise au service de la finance, alors que la finance est supposée assouvir au contraire les besoins de l'économie et des hommes. Un exemple pour illustrer davantage le mal-être dans lequel était parfois (trop souvent ?) entré le capitalisme : une entreprise « financiarisée » ne dit plus, « nous allons construire un million de logements et pour cela nous devons nous endetter » ; mais, « nous allons accroître notre rentabilité de 20 % et pour cela nous devons construire un million de logements. » L'atteinte du résultat financier devient le but que se donne l'entreprise, sa raison d'être.

Par ailleurs et au-delà des crises, les excès de la financiarisation contribuent à l'enrichissement d'un très petit nombre d'individus et, structurellement, à l'accroissement des inégalités, aujourd'hui identifié comme un risque systémique majeur. La finance excessive a fini par créer un risque de réactions sociales et politiques récurrentes au capitalisme. Nous en étions parfois déjà arrivés là… jusqu'à l'émergence de la finance utile et responsable.

L'apparition des placements éthiques redonnera-t-elle un sens à la finance ? Lui rendra-t-elle plus systématiquement une utilité au-delà d'elle-même, et redorera-t-elle son image auprès des citoyens ? Dix ans après la crise de 2008-2009, née dans les *subprimes* et les dérives financières les plus caractérisées, le concept aujourd'hui émergent de

« finance utile » devra faire ses preuves. Et pour cela, les entreprises comme les acteurs financiers devront prouver leur sincérité et montrer patte blanche, nous y reviendrons. Pour convaincre une majorité de citoyens et d'épargnants, le chemin à rattraper est immense et l'opportunité à la mesure de l'enjeu : s'ils tiennent leurs promesses, les placements « responsables » pourraient enfin redonner aux populations confiance dans leurs investissements financiers et avec eux, dans le capitalisme. D'autant que la force de frappe des milieux financiers, des banques, de la Bourse, et des diverses sociétés d'investissement pourra permettre d'accélérer fortement les mutations en cours. En France, si toute l'épargne accumulée sur les assurances vie (plus de 1 700 milliards d'euros !) était investie dans la transition environnementale ou au service de meilleures pratiques sociales (égalité hommes-femmes, etc.), de nombreuses étapes de mutation seraient franchies bien plus vite ! En attendant, et pour améliorer le monde, l'impulsion politique reste incontournable. Les placements commercialisés et proposés aux épargnants prennent peu à peu une couleur plus « responsable » ou éthique : doucement mais sûrement, l'action est peut-être en train de changer de camp. Le climat comme le progrès social sont aussi l'affaire du capitalisme !

La finance verte pousse vite et fort

La finance verte innove à mesure qu'elle se développe : en cinq ans (à début 2020), les obligations vertes (pour financer le traitement des eaux, le renouvelable, etc.) créées ont bondi de 300 %. Plus l'environnement intéresse largement les opinions publiques, plus sa protection échappe au carcan des mouvances écologistes. Et une accélération se profile grâce au plan de relance de l'Union européenne : un projet colossal (750 milliards d'euros) qui promet d'être financé à hauteur de 30 % par des obligations vertes ! Face à l'ampleur des défis, la plupart des États et des instances supranationales prennent désormais à bras-le-corps les enjeux sociaux et de défense de la planète.

La finance prend aussi (enfin !) le taureau par les cornes, et la France semble aux avant-postes de cette dynamique mondiale. Les acteurs français de la finance ont un temps d'avance qu'il conviendrait de garder ! La première banque européenne en matière d'actifs, BNP Paribas, compte cesser ses financements au secteur du charbon en 2030 dans l'UE et en 2040 dans le reste du monde. BNP Paribas va plus loin et relève aussi ses objectifs de financement des énergies renouvelables à 18 milliards d'euros d'ici 2021, cela après avoir dépassé dès 2018 son premier objectif de 15 milliards d'euros fixé à l'origine pour 2020.

Autre géant français qui s'engage : Axa. Les assureurs sont en effet parmi les plus touchés par le réchauffement climatique, le coût des dommages s'envolant année après année. Axa et ses concurrents rivalisent donc d'initiatives : le champion français promet de retirer d'ici 2030 tous ses investissements dans le charbon au sein des pays de l'OCDE, et de retirer les souscriptions d'assurance aux sociétés charbonnières et pour l'industrie pétrolière.

La finance française se découvre donc une passion pour la nature, mais aussi pour de meilleurs équilibres sociaux et sociétaux. Plusieurs acteurs financiers s'engagent désormais pour l'égalité hommes-femmes et investissent prioritairement dans les entreprises qui la mettent en pratique. Mirova, filiale de Natixis, est à l'initiative d'une coalition de 66 investisseurs pour un total de 4 000 milliards d'euros d'encours sous gestion : l'objectif est de promouvoir l'égalité hommes-femmes dans les entreprises ! Une coalition qui a obtenu le soutien d'ONU Femmes, l'entité des Nations unies consacrée à l'égalité des sexes et à l'autonomisation des femmes.

Soutenir la santé devient aussi une priorité des acteurs de la finance. Avec la crise du coronavirus, les États du monde entier ont sacrifié l'économie au profit de la santé, « quoi qu'il en coûte[12] ». Dans l'univers financier, la prise de conscience se poursuit donc à marche forcée : dès 2017, Natixis annonçait mettre fin à ses activités de financement et d'investissement liées à l'industrie du tabac. La filiale de BPCE se met ainsi en accord avec son action de mécène depuis 2011 de la fondation Gustave Roussy, premier centre de recherche contre le cancer en Europe. « La décision de Natixis démontre clairement que, dans le monde entier, des institutions financières de premier plan prennent leurs distances vis-à-vis du tabac et que la France est aux avant-postes de cette dynamique mondiale[13] », s'enthousiasmait alors le Dr Bronwyn King, cancérologue et directeur général de Tobacco Free Portfolios.

Natixis s'inscrit en effet dans un mouvement qui le dépasse largement : le tabac s'est retrouvé banni du porte-

---

12. Emmanuel MACRON, adresse aux Français du 12 mars 2020 : « La santé n'a pas de prix. Le gouvernement mobilisera tous les moyens financiers nécessaires pour porter assistance, pour prendre en charge les malades, pour sauver des vies *quoi qu'il en coûte.* »

13. Dr Bronwyn KING, propos extraits du communiqué de Natixis du 19 décembre 2017 : https://www.natixis.com/natixis/upload/docs/application/pdf/2017-12/cp_natixis_-_exclusion_tabac_19_12_2017.pdf

feuille de certains grands fonds de retraite ou gérants d'actifs depuis déjà plusieurs années. Le plus gros fonds souverain au monde[14] a été l'un des premiers géants à agir, en bannissant le tabac de ses portefeuilles d'investissements dès 2013 !

Mais tout n'est pas rose...

Les prochains chapitres de cet ouvrage aborderont les risques de *greenwashing* et la façon dont la finance doit les éviter.

À titre d'exemple, le fonds souverain norvégien (GPFG), le plus grand au monde, avait annoncé son projet de se désinvestir du pétrole. Un objectif ambitieux qui concernait 37 milliards de dollars d'actifs, pour un fonds qui gère 1 100 milliards et qui a bâti toute sa fortune sur les réserves fossiles de la mer du Nord.

Mais le retrait est finalement bien plus modeste que ne l'espéraient les défenseurs de l'environnement. Le gouvernement a décidé de limiter le retrait aux compagnies exclusivement tournées vers l'exploration et la production d'hydrocarbures. En agissant de la sorte, Oslo évite de contrarier les majors comme ExxonMobil, Total ou BP, dont les activités sont plus diversifiées...

Au final, le plan qui se profile pourrait ne concerner que 5,7 milliards de dollars d'actifs (six fois moins qu'initialement annoncé).

14. Le Government Pension Fund Global norvégien. Il contrôlait encore en 2016 1,3 % de la capitalisation boursière mondiale avec des participations dans près de 9 000 entreprises.

Même les géants américains de la finance s'engagent désormais pour une société plus équilibrée, et un monde plus propre. BlackRock tente enfin de verdir ses activités (jusqu'à s'appeler un jour « GreenRock »?). Le leader mondial de la gestion d'actifs financiers semble avoir enfin pris lui aussi la mesure des risques de notre époque. Anticipant une réallocation massive du capital (et de l'argent en circulation dans le monde) vers les actifs verts, BlackRock veut frapper les esprits et appelait il y a quelques mois encore à une « transformation fondamentale du secteur financier » face au changement climatique qui « constitue désormais un facteur déterminant dans les perspectives à long terme des entreprises ». Le P.-D.G., Larry Fink, voit venir des changements aux impacts plus importants que les crises économiques qu'il a connues depuis quarante ans. Ainsi, « l'investissement durable devient la norme de BlackRock », a-t-il annoncé dans sa lettre annuelle aux dirigeants d'entreprises.

De simples mots? Au contraire. BlackRock semble cette fois prendre le taureau par les cornes même si les efforts peuvent sembler encore trop lents : difficile de parer de vertus environnementale et éthique quelque 7 000 milliards de dollars d'encours jusqu'ici gérés en suivant simplement les indices boursiers et des critères de rentabilité. Pour enclencher son difficile virage, BlackRock veut doubler sa gamme de produits indiciels (ETF) répondant aux critères ESG (environnement, social, gouvernance). BlackRock veut aussi liquider ses positions dans les producteurs de charbon thermique et les groupes qui tirent plus de 25 % de leurs revenus de cette énergie. Enfin, BlackRock a finalement voté en 2020 contre le renouvellement des dirigeants de

53 entreprises dont il est actionnaire qui ne soutiennent pas les mesures en faveur de l'environnement qui leur sont proposées. Peu à peu, grâce à l'engagement de ses principaux acteurs, la finance impose une réglementation « verte » et tacite aux entreprises dans lesquelles elle investit.

La finance (et les produits financiers dans lesquels nous pouvons tous investir) apporte donc sa pierre à la protection de la planète et de la société. Cependant, le chemin est encore long et les écueils innombrables : pour les acteurs de la finance, le virage éthique ne sera durable que s'il s'avère rentable. Un investissement n'est d'ailleurs durable et sain financièrement (responsable) que s'il rapporte d'une façon ou d'une autre plus qu'il ne coûte. Rentabilité et responsabilité ne doivent pas s'opposer... Pour BlackRock par exemple, pas question d'engager un virage éthique à perte : la rentabilité financière des investissements ne peut être négligée, sinon l'avenir de la société s'en trouverait menacé et l'argent de ses très nombreux clients (particuliers, retraités, institutions publiques) mis en péril. BlackRock restera tout de même exposé au pétrole et au gaz compte tenu de la lenteur de la transition énergétique. Il lui est aussi reproché de ne pas chiffrer suffisamment certains objectifs environnementaux ou sociaux : pour BlackRock, une façon de garder de la poudre au sec pour la suite ?

« La planète n'attendra pas ! », répondent les ONG. Malgré les efforts des acteurs financiers pour limiter la hausse des émissions de CO_2, les résultats mettront du temps à apparaître et le climat n'est sans doute pas près de se rafraîchir. Malgré le virage environnemental et solidaire de nombreux acteurs de l'économie, la consommation mondiale de charbon a encore augmenté entre 2017 et 2018 de 1,4 %, et l'Agence internationale de l'énergie ne prévoit aucune baisse dans le monde d'ici 2040... Le poids des habitudes et l'inertie de certains pays contrebalancent les efforts des pays les plus exemplaires : les États-Unis sont sortis de l'accord de Paris sur le climat. Le Japon, lui, est bien signataire, mais compte toujours mettre en service 20 gigawatts (soit une vingtaine de réacteurs nucléaires) de centrales à charbon d'ici dix ans ! Et la vertueuse Allemagne a beau vouloir fermer ses centrales à charbon d'ici 2038, elle autorise quand même l'ouverture d'un nouveau site de production de 1 100 MW à Datteln, dans l'ouest du pays... Étonnant choix, compte tenu de la longévité d'une telle centrale, au moins quarante ans. Enfin, la Chine continue (malgré une stratégie verte très volontariste) de dépendre en grande partie du charbon. Malgré les efforts de nombreux États (les plans de relance, très « verts » en Europe), de nombreuses entreprises et désormais des acteurs de la finance, les matières fossiles et le réchauffement climatique n'ont pas dit leur dernier mot.

2

Le coût de l'inaction

« L'erreur est humaine, l'obstination est diabolique. »

SÉNÈQUE

Chassez le naturel, il revient au galop ! Les acteurs des placements continuent de privilégier ce qui sera rentable financièrement : qui peut leur en vouloir ? Qui, par exemple, aimerait voir son conseiller financier lui proposer des placements destinés à lui faire perdre de l'argent ? Comme la plupart d'entre nous, les fabricants de placements responsabilisent et verdissent leur offre pour améliorer le sort de la planète, mais en échange d'une rentabilité dans le long terme[1]. Or, nous sommes arrivés au stade où l'inaction serait sans doute la stratégie la plus coûteuse à long terme, et la plus lourde de conséquences négatives. Le prix de l'inaction en matière environnementale et sociétale serait

1. Voir chapitres 3 et 5.

probablement infiniment plus élevé que le coût des investissements aujourd'hui nécessaires pour limiter ces risques : « On n'oblige jamais la nature à des avances qu'elle n'en fasse payer les intérêts très cher », remarquait dès le XVIIIe siècle l'académicien Charles Pinot Duclos[2]… À long terme, les inactions d'aujourd'hui mèneront probablement aux pertes financières de demain. C'est, sans doute, cette prise de conscience qui pousse aujourd'hui la finance à se réinventer elle aussi !

Pour limiter les risques climatiques, sociétaux, sociaux, quels seraient les montants d'investissement nécessaires rien qu'en France ? Certains spécialistes estiment que 50 à 70 milliards d'euros d'investissement par an seraient nécessaires pour améliorer notre destin collectif. Or selon Philippe Zaouati, directeur général de Mirova, « on n'en était ces dernières années qu'à 20 milliards d'investissements en moyenne ». Nous sommes encore au pied du mur !

Combien l'érosion des côtes coûte-t-elle ?

Certes, les États ont annoncé en 2020 des plans de relance plus ambitieux pour la transition environnementale, mais les annonces devront être confirmées et portées dans la durée.

Si les investissements (et les politiques publiques) n'accélèrent pas, combien la crise qui guette coûtera-t-elle ? Le

2. Charles Pinot Duclos (1704-1772) est un écrivain et historien français, membre de l'Académie française (1747) et de l'Académie royale des sciences de Prusse.

changement climatique en cours érode déjà nos biens matériels et nos finances : il sera probablement celui dont les conséquences financières seront les plus élevées de l'histoire, tant notre taux d'équipements dans les zones menacées a progressé, et les risques de dégâts associés ont grandi. Les dommages dus aux catastrophes naturelles sont passés en moyenne de 50 milliards de dollars par an au cours des années 1980 à un peu moins de 200 milliards par an durant la dernière décennie. Des forêts tropicales menacées de sécheresse aux stations de sport d'hiver en manque chronique de neige, les pertes écologiques et économiques liées au réchauffement deviennent réalité.

En Asie, plusieurs capitales sont menacées. Jakarta, la capitale de l'Indonésie, se noie à mesure que la surpopulation s'aggrave. Les inondations sont courantes pendant les mois de pluie, et largement aggravées par une gestion urbaine déficitaire et les mauvaises pratiques des habitants. Au final, la ville ne cesse de s'affaisser dans la mer. L'eau s'engouffre partout, certaines parties de la métropole s'enfonçant de 18 centimètres chaque année. Le gouvernement s'efforce de construire des murs pour retenir l'océan, mais rien n'y fait : la nature s'infiltre toujours… Les risques de submersion sont tels que le pays a décidé de débloquer quelque 32,7 milliards de dollars pour reconstruire sa capitale ! Une nouvelle ville émergera donc dans les prochaines années à plusieurs centaines de kilomètres de l'actuelle Jakarta, pour protéger la population et les institutions du pays.

Le coût des dégâts environnementaux et de la surpopulation est gigantesque dans de nombreuses capitales du monde : Bangkok aussi menace de s'affaisser dans ses insondables canaux. Et même New York affronte à mains nues l'océan : la montée des eaux de l'Atlantique menace directement la partie sud de Manhattan ! Le célèbre quartier financier de Wall Street s'est même retrouvé inondé lors du passage du cyclone Sandy ! Les collectivités sont poussées à agir quoi qu'il en coûte. La municipalité de New York prévoit d'investir jusqu'à 10 milliards de dollars dans la sauvegarde du sud de Manhattan : la ville se veut un modèle d'anticipation face à la montée des eaux, des murets de sable sont amoncelés jour après jour pour protéger le quartier d'affaires le plus connu du monde. Le corps du génie de l'armée américaine étudie même des plans couvrant l'ensemble de la région new-yorkaise, dont les montants potentiels atteignent 120 milliards de dollars ! Oui, le coût du changement climatique commence à apparaître…

L'inaction est un luxe qui pourrait coûter encore plus cher à l'avenir. WWF chiffre les futures dépenses à 500 milliards de dollars par an d'ici 2050 si rien n'est fait dès aujourd'hui pour protéger les écosystèmes, les zones agricoles et les côtes. La planète s'est à ce jour réchauffée de seulement 1 °C, mais la tendance pourrait encore s'accélérer. Or, selon Jean-Marc Jancovici, associé du cabinet Carbone 4 et spécialiste des questions énergétiques, « il faudra vingt ans entre le moment où l'homme commencera à agir et le moment où cela commencera à modérer vraiment la dérive climatique ». Pour lui, la baisse de 5 % des émissions de CO_2 observée pendant le confinement forcé du printemps 2020 devrait être répliquée chaque année pendant trente ans pour respecter l'accord de Paris sur le climat et limiter à deux degrés l'ampleur du réchauffement climatique…

Les risques sont donc partis pour durer. Les sources de pertes financières potentielles sont nombreuses : pour les collectivités et les États, et nous l'avons vu, aussi pour les entreprises, pour les salariés et pour les épargnants. Les produits d'épargne et de placements devront, quoi qu'il arrive, encaisser tous les chocs liés à la dégradation du climat, des conditions de vie et de travail.

La biodiversité enrichit nos économies

Si elles continuent au rythme actuel, les pertes de biodiversité auront un coût plus élevé que les investissements aujourd'hui nécessaires. « Le rythme actuel de disparition des espèces est de cent à mille fois plus rapide que le rythme habituel. Plus d'un tiers des espèces évaluées est menacé d'extinction et plus de 60 % des services écosystémiques sont endommagés », alerte Guillaume Sainteny, maître de conférences à l'Agro et membre de l'Académie d'agriculture[3]. La biodiversité disparaît sous l'étalement urbain, les pesticides et les champs agricoles : l'Organisation des Nations unies pour l'alimentation et l'agriculture (FAO) estime que 33 % des sols sont aujourd'hui dégradés par l'érosion, l'aridification, la salinisation, le compactage, la pollution chimique, l'épuisement des substances nutritives. « Le rythme annuel de perte de sols durant les quarante prochaines années serait de 3,5 millions d'hectares pour les terres cultivées, et de 10 à 12 millions d'hectares tous sols

3. Guillaume SAINTENY, *Le Climat qui cache la forêt*, Paris, éditions Rue de l'échiquier, 2015.

compris[4] », soit l'équivalent des deux tiers de la surface de toutes les forêts françaises.

Conséquence : nous vivons déjà à ce stade la sixième extinction de masse. Le coût sera proportionnel aux dégâts : la biodiversité est une assurance vie pour l'homme. « Elle favorise les équilibres économiques au point que la valeur des services rendus à nos sociétés par les écosystèmes naturels est estimée à 125 milliards de milliards de dollars ! », selon Anne-Claire Abadie, gérante de fonds chez Sycomore AM. « La pollinisation par les abeilles, la fertilisation des sols par les vers de terre, la régulation des températures par les forêts sont des modérateurs de coûts financiers pour nos sociétés. La biodiversité offre aussi un réservoir pour de futures découvertes médicales, la création de matériaux toujours plus innovants et même pour de futurs progrès dans l'intelligence artificielle[5]. » En outre, de nouvelles disciplines telles que la zoopharmacologie ou le biomimétisme apparaissent, et leurs perspectives semblent prometteuses.

La lutte contre le réchauffement climatique ne doit donc pas constituer la seule « raison d'être » de la finance verte et environnementale : la protection des biodiversités est un enjeu aussi important pour la planète, pour le développement futur de l'humanité, la conquête de nouvelles découvertes et la valorisation future de l'économie et des placements. La maîtrise de l'étalement urbain et de l'usage de pesticides doit par exemple orienter les placements responsables, en plus de la lutte contre le réchauffement climatique. Le chantier pour protéger la biodiversité est

4. *Ibid.*
5. Anne-Claire ABADIE, interview sur BFM Business (émission « Hors-Série : La finance utile en action »), 2019.

incommensurable : elle inclut les règnes végétal et animal et ses limites nous restent inconnues ! L'homme ne connaît pas, aujourd'hui, l'étendue exacte de la diversité du vivant : virus, bactéries, oiseaux, reptiles et amphibiens, mollusques, crustacés, insectes, nématodes, arachnides, algues, arbres… nous connaissons environ 1,9 million d'espèces sur 3 à 100 millions d'espèces estimées ! La largeur de cette fourchette (3 à 100 millions d'espèces estimées selon la plupart des scientifiques) en dit long sur notre ignorance, et sur le coût potentiel de l'inaction. Or, nous l'avons vu, la biodiversité est une assurance vie pour l'homme. Sans elle, et au-delà de toute considération éthique, les coûts pour l'économie et les citoyens pourraient finir par exploser.

479 milliards de dollars par an…

Tel est le coût prévu de la disparition des écosystèmes d'ici 2050 selon une étude du WWF menée dans 140 pays. Un niveau de pertes équivalant à 0,67 % du PIB mondial par an d'ici à 2050.

La déforestation ferait perdre 128 milliards de dollars par an à l'économie mondiale.

L'effondrement des espèces d'insectes pollinisateurs coûterait 15 milliards de dollars par an.

La baisse des ressources en eau coûtera, elle, 19 milliards de dollars.

Les coûts du bois et du coton pourraient croître de 8 et 6 % par an, ceux des fruits et légumes de 3 %.

Les États-Unis seraient le pays le plus touché (et perdraient chaque année l'équivalent de la totalité du PIB annuel du Guatemala), devant le Japon et le Royaume-Uni. La France se

classe au dernier rang des 10 pays les plus touchés économiquement par le recul de la biodiversité, et peut s'attendre à perdre 8,4 milliards de dollars chaque année (l'équivalent du PIB annuel de la Slovaquie).

Source : WWF.

La biodiversité française en danger

La France possède une biodiversité exceptionnelle, qui l'oblige et l'expose : elle est, à ses dépens, un laboratoire des risques économiques consécutifs à la dégradation des écosystèmes. La France appartient en effet aux 20 pays les plus riches en biodiversité du monde, et reste le seul État européen à en faire partie. Elle présente, notamment grâce aux DOM-TOM, un niveau d'endémisme important : la Nouvelle-Calédonie a le second niveau d'endémisme au monde. La France abrite aussi 20 % des atolls du monde et près de 10 % des récifs coralliens mondiaux derrière l'Australie, l'Indonésie et les Philippines…

Pour notre pays, cette richesse écologique est un élément majeur d'attractivité et de développement économique. Or, nous faisons aussi partie des dix pays abritant le plus grand nombre d'espèces mondialement menacées de disparition. « Seulement 28 % des espèces et 22 % des sites français désignés au titre de la directive Habitats sont dans un état de conservation favorable[6] », souligne Guillaume Sainteny : « La France figure au second rang des pays ayant perdu le

6. Guillaume SAINTENY s'appuie ici, dans son ouvrage *Le Climat qui cache la forêt* (*op. cit.*), sur une étude de Farid BENSETTITI *et al.* du Muséum, « Évaluation de l'état de conservation des habitats et des espèces d'intérêt communautaire ».

plus grand nombre d'espèces animales et végétales connues depuis le début du siècle, et au sixième rang mondial de ceux hébergeant des espèces d'oiseaux les plus menacées d'extinction globale. » La France est-elle en train d'épuiser un trésor ? Pour notre économie, toute richesse naturelle est une force et une promesse pour l'avenir : réduire les richesses naturelles du territoire, c'est hélas limiter notre capacité future à les exploiter sainement et en tirer des bénéfices. Un enjeu aussi écologique qu'humanitaire, économique et financier.

Le coût de la pollution de l'air

Le coût économique annuel des décès causés par la pollution de l'air ambiant a augmenté d'environ 10 % entre 2005 et 2010 dans les pays de l'OCDE, pour atteindre environ 1 700 milliards de dollars (ce nombre inclut le coût de la morbidité, c'est-à-dire de la perte de la santé).

Environ 50 % du coût de la pollution de l'air dans les pays de l'OCDE est à mettre au compte du transport routier…

Source : OCDE.

L'heure des leurres ?

Tous les acteurs de la finance se convertissent et hissent le même drapeau vert. Un étendard parfois ambigu : les placements verts sont-ils aussi efficaces ou sincères qu'ils le prétendent ? Des labels ont vu le jour[7], guidant

7. Voir chapitre 4.

les épargnants vers les placements les plus responsables et capables de certifier leurs engagements. Mais ces labels de certification sont-ils eux-mêmes assez exigeants ? Comment être certain qu'un objectif dit « durable » soit véritablement positif pour la planète ? Les objectifs environnementaux se développent-ils au détriment parfois d'enjeux sociaux tout aussi importants ? C'est à toutes ces questions que cet ouvrage tentera aussi de répondre, car les épargnants n'investiront vraiment « responsable » que s'ils comprennent les tenants et aboutissants des produits financiers proposés. Ils savent qu'« il n'y a pas de vent favorable à celui qui ne sait pas où il va[8] » : les placements dits « responsables » ne les attireront (et collecteront l'argent attendu) que s'ils offrent aux épargnants des gages de sincérité, et s'ils prouvent leur efficacité au service de l'environnement et de la société. Or les leurres sont nombreux !

Certains placements en Bourse dits « responsables » promettent la « compensation » du CO_2 émis. Par exemple, certains fonds investissent dans des entreprises qui plantent des arbres « en compensation » de la part de leur activité émettrice de CO_2. Certains voyagistes choisissent ainsi de planter des arbres pour compenser le kérosène consommé (et le CO_2 émis) lors des voyages qu'ils commercialisent. Mais la compensation n'est-elle pas un achat de conscience ? « La compensation est la version moderne des indulgences de l'Église catholique au Moyen Âge », ironisait récemment le cabinet de conseil indépendant Carbone 4. « Et ce n'est pas étonnant : dès lors qu'un dispositif laisse miroiter l'idée qu'il est possible d'annuler ses mauvaises actions

8. Citation du philosophe latin Sénèque, décédé à Rome en l'an 65 après J.-C.

(les émissions) par l'achat de bonnes actions (crédits carbone bon marché), il est d'emblée très tentant de ne pas consentir à ses propres efforts de réduction sur sa chaîne de valeur[9]. » Il faut donc veiller à ce que la « compensation » ne serve pas à justifier des émissions : la priorité pour la planète n'est-elle pas de réduire les émissions de CO_2 plutôt que simplement les compenser ? En plus, les stratégies de compensation sont souvent un échec. D'après les chercheurs du Muséum national d'histoire naturelle, même bien menées, les mesures de compensations des projets d'aménagement (comme les routes ou les voies ferrées) ne permettent pas d'équilibrer les pertes en biodiversité engendrées. Les vrais projets de compensation en France absorberaient en réalité 5 % de ce qui est émis[10]…

Il existe aussi des compensations contre-productives : par exemple, planter des palmiers au tronc haut et mince dans une ville écrasée de chaleur. Ces palmiers apportent très peu d'ombre mais certaines municipalités (Beverly Hills, Las Vegas…), dans les pays tropicaux ou chauds, les privilégient pour l'imaginaire « magique » qui leur est associé. Elles plantent des arbres souvent onéreux mais n'apportant aucune solution à l'envolée des températures en milieu urbain… De même, compenser des émissions de CO_2 par la plantation d'arbres n'a de sens que sur toute leur durée de vie : ils n'absorberont une quantité équivalente au CO_2 émis que s'ils ne sont pas coupés précocement. La séquestration

9. César Dugast et Renaud Bettin, propos extraits de l'épisode 2 de la série de Carbone 4 sur la nouvelle neutralité carbone, 4 juillet 2019 : http://www.carbone4.com/neditespluscompensation-de-compensation-a-contribution/

10. Étude des chercheurs du MNHN et d'AgroParisTech, parue en septembre 2019 dans la revue *Biological Conservation*.

du CO_2 se fait en effet sur des décennies de croissance de l'arbre, et non pas à la « date d'achat » du crédit carbone. Or les incendies, les maladies et l'exploitation forestière ne permettent pas de garantir un cycle de vie complet des arbres plantés.

Enfin, dernier piège : la compensation n'est-elle pas un vain mot si les arbres plantés étaient déjà destinés à l'être indépendamment du projet de réduction de l'impact des émissions de CO_2 ?

C'est à tous ces pièges que les financiers et les épargnants doivent prendre garde avant de choisir d'investir dans tel ou tel projet « responsable ». Si un fonds coté en Bourse inclut une société promettant la compensation de ses émissions, de quelle compensation s'agit-il ? Y investir est-il toujours vertueux ?

Pour gagner la bataille climatique, le monde de la finance et des placements devra donc mener aussi une bataille sémantique. Plutôt que « compenser » les émissions de CO_2, les spécialistes de Carbone 4 proposent aux acteurs de « contribuer » à les réduire : « Passer de la *compensation* à la *contribution* n'est pas qu'une affaire de sémantique. C'est la condition *sine qua non* de l'assainissement de l'imaginaire autour de la finance carbone volontaire, qui inhibe depuis trop longtemps la nécessaire augmentation des flux financiers à destination des projets bas carbone[11]. »

Or, les financiers peinent parfois (comme nous tous) à définir des objectifs environnementaux convaincants. Certaines sources d'énergie pourront sembler écologiques

11. César DUGAST et Renaud BETTIN, propos extraits de l'épisode 2 cité plus haut de la série de Carbone 4 sur la nouvelle neutralité carbone.

à certains et pas à d'autres : comment s'y retrouver ? Comment faire la part des choses dans les choix d'investissement ? Même les États affichent leurs désaccords quant aux stratégies énergétiques qu'ils estiment les plus « vertes » : pour l'Allemagne, le nucléaire n'est pas une énergie verte, mais pour la France, il l'est ! Un peu comme si dans un couple, l'un juge qu'un verre de vin par jour améliore la santé alors que l'autre s'inquiète d'une éventuelle cirrhose à venir. La vertu des investissements est toujours partielle, et les technologies disponibles pour préparer un avenir durable sont en réalité encore toutes imparfaites à ce jour. Le président de la République Emmanuel Macron a lui-même souligné l'ambiguïté des solutions environnementales existantes en déclarant : « Nous avons une chance historique, c'est le nucléaire, qui est la production non intermittente la plus décarbonée au monde. Et notre défi, c'est de réduire le nucléaire pour augmenter la part du renouvelable[12]. » Si le nucléaire est l'énergie « non intermittente la plus décarbonée au monde », pourquoi le défi est-il de le « réduire[13] » ? Ce énième exemple montre à quel point même les grands pays du monde avancent en réalité à tâtons sur ces questions énergétiques. Par conséquent, qui pourra en vouloir aux investisseurs et aux fabricants de produits financiers de parfois se contredire aussi ? Un monde en transition profonde n'est jamais certain des outils dont il dispose, ni de la fiabilité des objectifs qu'il

12. Emmanuel MACRON, interview dans *Le Dauphiné Libéré*, le 11 février 2020.
13. Ne pas ignorer les risques élevés du nucléaire : écologique, avec les déchets, et sanitaire avec les accidents industriels possibles.

s'assigne. Ce sera, pour la finance « responsable » aussi, une source de questionnements et de recherche inépuisable.

Ces amis qui ne vous veulent pas que du bien...

« Les capitaux affluent en tout cas vers les sociétés qui investissent dans les énergies renouvelables, les solutions d'économie d'énergie, de gestion des déchets, les entreprises paritaires », observe Philippe Zaouati, directeur général de Mirova. Mais tout est-il bon par exemple dans les énergies « renouvelables » ? La question mérite d'être posée dans la mesure où elles nécessitent des métaux rares dont les méthodes d'extraction sont tout sauf propres. « Le monde des technologies les plus avancées qui se veulent plus vertes, écologisées, est en grande partie tributaire de métaux sales », explique à nouveau Guillaume Pitron. « Le secteur des technologies de l'information et de la communication produit 50 % de plus de gaz à effet de serre que le transport aérien ! Il faut purifier 8,5 tonnes de roche pour produire 1 kilo de vanadium, 16 tonnes pour 1 kilo de cérium, 50 tonnes pour l'équivalent en gallium, et le chiffre ahurissant de 1 200 tonnes pour 1 malheureux kilo d'un métal encore plus rare, le lutécium[14]. »

Reposons donc autant que nécessaire cette question : les objectifs que s'assignent les placements « responsables » (par exemple, encourager la transition vers les énergies solaire et éolienne) sont-ils si vertueux pour l'environnement et la

14. Guillaume PITRON, *La guerre des métaux rares, op. cit.*

société ? Flécher l'épargne vers les énergies renouvelables, telles que la plupart d'entre elles fonctionnent aujourd'hui, ne comporte-t-il pas certains risques pour l'environnement ? Les acteurs de la finance doivent à leur tour participer à la réflexion sur le sujet. Le fléchage de l'argent des épargnants vers des fonds d'investissement vertueux, vers des entreprises responsables, des technologies dites « vertes » ne serait pas totalement abouti sans un tel débat. « Les investissements *socialement* responsables (ISR) peuvent-ils se muer en investissements *sincèrement* responsables ? », demande Vincent Auriac, et P.-D.G. d'Axylia. « Le "S" de l'ISR doit garantir la *sincérité* des acteurs et pas seulement la dimension *sociale* de leur engagement. » Un gage de sincérité nécessaire pour attirer encore plus de collecte, d'épargnants et de citoyens vers les placements durables…

Investir dans les véhicules électriques, est-ce propre ?

La Bourse regorge d'acteurs engagés dans la production de voitures électriques. Le fabricant américain Tesla, par exemple, a gagné en Bourse plus de 420 % sur les neuf premiers mois de 2020 ! De nombreux fonds proposent donc aux épargnants d'y investir, pour « participer financièrement à l'émergence des véhicules propres ». Propres ? La chute des émissions de CO_2 est drastique dans la phase de roulage d'un véhicule électrique, mais la batterie plombe le bilan écologique global… Les batteries lithium-ion embarquées sont bourrées de métaux rares extraits de pays peu soucieux de normes environnementales et sociétales. Guillaume Pitron, journaliste spécialisé dans l'usage des matières premières, le démontre magistralement (et nombreuses références à l'appui) dans son dernier ouvrage[15] : ainsi, selon des chercheurs de l'UCLA (Université de Californie à Los Angeles), la seule industrialisation d'une voiture électrique consomme 3 à 4 fois plus d'énergie que celle d'un véhicule traditionnel. Au niveau du cycle de vie complet, les avantages d'un véhicule électrique sont certes réels puisqu'il ne nécessite pas de pétrole : les rejets de carbone dans l'atmosphère sont bien moindres, « 32 tonnes de carbone depuis l'usine jusqu'à la décharge, contre près du double pour une voiture conventionnelle ».

Mais l'autonomie des batteries tend à s'allonger et avec elle le coût pour l'environnement de leur fabrication. Guillaume Pitron, toujours, a mis à jour un rapport de l'ADEME publié en 2016, concluant que « sur l'ensemble de son cycle de vie, la consommation énergétique d'un véhicule électrique est globalement proche de celle d'un véhicule diesel ». Et d'ajouter : « Un véhicule électrique pourrait même émettre davantage de CO_2 si l'électricité qu'il consomme provient majoritairement de centrales à charbon, tel que cela est le cas dans des États comme la Chine, l'Australie, l'Inde, Taïwan ou encore l'Afrique du Sud[16]. »

De plus, souligne l'auteur, de multiples questions restent en suspens : le remplacement de la batterie du véhicule, qui souvent s'use vite, a-t-il été pris en compte? Connaît-on les coûts écologiques de toute l'électronique et autres objets connectés dont ces véhicules sont truffés? « Quelle énergie, enfin, faudra-t-il consommer pour construire les

15. *Ibid.*
16. *Ibid.*

réseaux et centrales électriques nécessaires à ces nouveaux besoins ? […] En réalité, nous nous comportons comme ces sociétés qui vantent à leurs actionnaires un chiffre d'affaires faramineux tout en dissimulant une montagne de dettes dans une discrète filiale aux Caraïbes[17]. »

Le carton de Tesla (véhicules électriques) en Bourse

Capitalisations boursières des constructeurs automobiles, en milliards de dollars (à mi-octobre 2020)

Tesla : 330
Toyota : 182
Volkswagen : 69
Mercedes : 50
BMW : 40
General Motors : 37
Ford : 23
Renault : 7

Investir dans les éoliennes et le solaire est-il propre ?

Ici aussi la finance doit se méfier des idées reçues : bien sûr, le solaire et l'éolien sont communément jugés plus propres et vertueux que les autres sources d'énergie. Cependant, leur énergie intermittente ne fonctionne pas toujours (lorsque le vent ne souffle plus par exemple) obligeant alors certains États à recourir au pétrole, au gaz ou au charbon pour

17. *Ibid.*

produire de l'électricité en complément. En Allemagne, le charbon reste très prisé pour compenser les défauts du renouvelable : pour sa production d'électricité, ce pays émet davantage de CO_2 que la France, pourtant moins dotée d'éoliennes ! Autre facteur aggravant : les montagnes de terres rares arrachées au sol pour la fabrication des éoliennes, à coups de processus chimiques souvent dévastateurs pour les terrains environnants, mais aussi pour les fleuves et rivières situés en aval des carrières. D'après Olivier Vidal, expert en minéralogie et directeur de recherche au CNRS, la croissance de ce marché va exiger d'ici à 2050 et avec les technologies actuelles « quelque 4 000 millions de tonnes d'acier, 350 millions de tonnes d'aluminium et 100 millions de tonnes de cuivre primaire[18] ». Et d'ajouter : « Pour une même production annuelle d'électricité, une éolienne nécessite jusqu'à 10 fois plus de béton et d'acier et 20 à 50 fois davantage de cuivre que les installations utilisant du combustible traditionnel[19]. » Les placements proposant d'investir dans ces énergies dites « propres » se veulent responsables, et en effet les éoliennes émettent moins de CO_2 qu'une centrale à charbon, mais le coût de leur fabrication en matière de ressources et de pollution des sols peut interroger. Vouloir réduire les émissions de CO_2

18. Projection réalisée sur un scénario mondial ambitieux en matière d'énergie renouvelable (scénario ETP-B2DS de l'agence internationale de l'énergie), soit environ le double de la quantité nécessaire pour le scénario de référence de la même agence (ETP-RTS).

19. Évaluation sur la base d'éoliennes dont la durée de vie et le facteur de charge sont 1,5 à 3 fois plus faibles que ceux d'une centrale thermique. Pour en savoir plus sur les intensités matières des différentes technologies : Olivier VIDAL (2018), *Matières premières et énergie, les enjeux de demain*, ISTE éditions, 2018.

est vertueux, mais cet objectif doit-il primer à ce point sur la préservation des sols et de la biodiversité ?

Champions du monde de la délocalisation des émissions

– Les énergies « vertes » permettent de réduire les émissions de CO_2 sur le territoire français. Depuis 1995, elles ont chuté de 21 % tandis que les émissions importées ont au contraire quasiment doublé*.

Au total, l'empreinte carbone par personne reste relativement stable depuis 1995, mais incompatible avec les objectifs de l'accord de Paris (COP 21) et un réchauffement limité à +2 °C en 2100.

– Le serpent se mord la queue aussi en Espagne : le pays entend fermer la plupart de ses centrales à charbon d'ici 2022. Si l'objectif est ambitieux, le chemin reste tortueux : pour compenser la chute de production d'électricité due à ces fermetures, l'Espagne doit désormais importer du Maroc du courant produit grâce au… charbon.

***Source : Commissariat général au développement durable.**

Le double visage des lignes grande vitesse

Les milieux financiers, les fabricants de placements et de fonds disposent d'outils de transition encore inaboutis. Les technologies vertes disponibles sont encore imparfaites : les investisseurs sont parfois condamnés à choisir les « moins pires » des investissements, les « moins pires » des technologies vertes disponibles et les « moins pires » des entreprises engagées, même si de nombreuses sociétés multiplient les efforts et proposent quand même des solutions innovantes et parfois remarquables pour améliorer leurs pratiques. Les choses avancent tortueusement, mais elles avancent. Et répétons-le : comment reprocher à la finance de ne pas agir toujours parfaitement, de ne pas investir toujours dans des entreprises irréprochables vis-à-vis de l'environnement quand les scientifiques eux-mêmes divergent sur l'impact des technologies vertes, et quand les États eux-mêmes ne développent pas les mêmes stratégies énergétiques faute de consensus mondial ?

En France, les lignes à grande vitesse (LGV) sont l'illustration la plus frappante de ces divergences. Les émissions de gaz à effet de serre générées par les chantiers de construction des LGV ont compliqué l'atteinte de son objectif CO_2 : en effet, plusieurs années d'utilisation des lignes seront nécessaires pour compenser le CO_2 dû aux travaux. Selon Guillaume Sainteny, directeur de la chaire Développement durable de l'École polytechnique, « la construction et l'exploitation de la LGV Rhin/Rhône émettant 1,9 Mt de CO_2, elle nécessitera douze ans de fonctionnement pour rembourser cette dette carbone. À l'inverse de la lenteur de la compensation de cette dette, les effets des LGV sur la biodiversité et les paysages commencent dès la construction, demeurent élevés et perdurent tout au long de la durée de vie de l'infrastructure[20] ». L'expert admet qu'un TGV rempli de passagers verra son bilan carbone par passager amplement diminué, mais remarque que les LGV françaises se caractérisent notamment par « la desserte de nombreuses gares d'extrémités de lignes ou voies classiques et par des rames dont le

20. Guillaume SAINTENY, *Le climat qui cache la forêt, op. cit.*

taux d'occupation est faible sur ces portions de lignes ». Pour ces trajets, le bilan carbone des TGV n'est pas positif.

Le risque pour les États comme pour les financiers ou les investisseurs, c'est donc (par les choix qui sont faits et les priorités qu'ils se fixent) de remplacer une pollution par une autre. Un fonds de gestion qui se fixe pour objectif de contribuer à réduire les émissions de CO_2 risque fort de contribuer à augmenter certaines autres nuisances…

Quels objectifs suivre ?

Il n'existe pas de technologies-miracles (ni par conséquent de placements-miracles) pour réduire complètement l'empreinte de l'homme sur la planète. Émettre moins de CO_2 n'empêche pas d'émettre éventuellement par ailleurs d'autres gaz aussi nocifs pour la santé (les soufres du fioul lourd par exemple, très présents dans le transport maritime), voire de dégrader les sols et la biodiversité. Ce qui est bon pour le climat (ou qui ne lui nuit pas) ne l'est donc pas forcément pour le reste ! Et peut même avoir des conséquences sociales lourdes en pénalisant les ménages les plus modestes. Par exemple, l'immobilier durable utilise des matériaux parfois plus chers pour diminuer la consommation énergétique des bâtiments : ces immeubles neufs et dits « passifs » (faibles émetteurs de CO_2) coûtent souvent bien plus cher à l'achat et les loyers peuvent y être plus élevés qu'ailleurs. La vertu environnementale devient ici un moteur supplémentaire de discriminations sociales : la nature ne veut pas nécessairement le bonheur de tous !

Et donc, quelles priorités les placements et les investisseurs doivent-ils suivre ? Les fonds proposés aux épargnants doivent-ils juste promettre une empreinte carbone faible (faibles émissions de CO_2) ou doivent-ils intégrer les autres impacts environnementaux des entreprises en portefeuille ? Le climat peut-il être le seul et unique objectif à prendre en compte ou la préservation de la biodiversité, des espaces et des droits sociaux doit-elle l'être aussi ? Par défaut, les fonds les moins ambitieux s'appliquent à respecter la réglementation en vigueur dans chaque pays ; les autres investissent selon des critères de durabilité fixés par l'ONU[21] ou selon des labels certifiant la qualité de leur engagement[22].

Vraiment « immatériel » ?

Avant-même l'émergence de la 5G, le numérique représentait en 2019 quelque 4 % des émissions de gaz à effet de serre contre environ 3 % pour le trafic aérien.
L'empreinte du numérique mondial équivaut chaque année, selon le cabinet GreenIT.fr, « à 82 millions de radiateurs électriques allumés en permanence, 116 millions de tours du monde en voiture et 3,6 milliards de douches ».
La bataille pour la planète nécessitera de la lucidité, de l'humilité et un ciblage méticuleux des objectifs poursuivis !

---

21. En avril 2006, les Nations unies ont adopté les principes pour l'investissement *responsable* (PRI). Il s'agit de six principes auxquels peuvent se conformer les investisseurs qui souhaitent intégrer les problématiques environnementale, sociale et de gouvernance dans la gestion de leurs portefeuilles d'investissement.
22. Voir chapitre 4.

Face au réchauffement climatique, la bataille sémantique !

Comment les placements peuvent-ils contribuer à améliorer le monde s'ils nomment mal les objectifs sociaux et environnementaux qu'ils poursuivent ? « Mal nommer les choses, c'est ajouter au malheur du monde », disait Albert Camus… De nombreux fonds s'engagent à investir dans les énergies « propres », mais beaucoup ne sont pas si propres. De nombreux produits d'investissement proposent aussi de financer la compensation des émissions de CO_2 par exemple, mais celle-ci n'a parfois de « compensation » que le nom[23]. Bien nommer les choses pour mieux cibler les objectifs : c'est l'un des défis de la finance durable si elle souhaite agir avec le plus de sincérité et d'efficacité possible.

Choisir les mots justes, nommer précisément les objectifs poursuivis permettra de clarifier les produits et de simplifier la vie des épargnants. En plus, l'univers des placements regorge de termes employés à tout-va ! Comment un épargnant peut-il s'y retrouver ? Comment faire le distinguo par exemple entre les fonds « passifs » en Bourse (qui n'ont rien d'écologique), et l'immobilier dit « passif » qui, lui, porte une ambition environnementale (investir dans des bâtiments écologiques) ? Le même terme (« passif ») recouvre ici des réalités qui n'ont rien à voir ; il qualifie deux modes d'investissement étrangers l'un à l'autre. Une difficulté supplémentaire pour les épargnants…

23. Voir plus haut : « L'heure des leurres ? », dans le même chapitre.

La « transition » pour cap ultime ?

Bien nommer les choses aidera donc chacun à y voir clair : un effort utile pour éviter les leurres et fixer des objectifs réalistes à l'ISR. La « transition » énergétique, promue dans les divers plans de relance annoncés en 2020, peut-elle d'ailleurs constituer un objectif réaliste ? L'idée même de « transition » énergétique n'est-elle pas un leurre ? Car c'est plutôt une « addition » énergétique qui a lieu à chaque fois qu'une nouvelle source d'énergie est exploitée. Jean-Baptiste Fressoz est historien des sciences et de l'environnement, chargé de recherche au CNRS et à l'EHESS. Pour lui, à chaque fois que l'homme a découvert une nouvelle énergie, celle-ci s'est ajoutée aux précédentes et la transition énergétique n'a jamais existé à l'échelle globale : « La révolution industrielle n'est par exemple pas du tout le passage du bois au charbon. Non seulement l'homme a encore consommé du bois au XIXe siècle, mais il en consomme de plus en plus. Les mines nécessitent aussi des tonnes de bois pour extraire le charbon[24]. » Ainsi, la « transition » énergétique à l'échelle globale reste un rêve plus qu'une réalité : « Les énergies ne se substituent pas les unes les autres : quand l'une croît, l'autre va croître aussi. Et selon les statistiques de British Petroleum, les fossiles (charbon, pétrole, gaz) représentent encore 86 % de l'énergie consommée sur le globe actuellement (contre 87 % en 1980…). »

---

24. Jean-Baptiste Fressoz, interview sur Clique TV, novembre 2019 (https://www.youtube.com/watch?v=Rs0WvYNfREw&feature=youtu.be).
Détails et compléments dans le magazine Nourritures terrestres, deuxième édition, décembre 2019 : https://nourriturесterrestres.substack.com/p/2-la-transition-nergtique-na-jamais

Le chantier qui nous attend est donc inédit : jusqu'ici, selon Jean-Baptiste Fressoz, « le nucléaire et les renouvelables n'ont fait qu'ajouter une fine couche supplémentaire à un mix énergétique qui demeure fondamentalement carboné[25] ». Pour être efficaces, les produits financiers et d'investissement devront donc bien nommer leurs objectifs et ancrer leur action dans un souci de réalisme. En se méfiant des mots qui trompent et qui flattent, et des faux amis.

Une gestation rapide mais douloureuse

Ces nuances innombrables forment un puzzle de complexités infini pour les investisseurs « responsables » et les fabricants de placements éthiques. Chaque leurre, chaque mot dévié de son sens ou impropre trouble la clarté de l'offre de placements et perturbe l'efficacité des actions engagées pour la protection de la planète et d'autrui : actions publiques, citoyennes (et associatives), actions des entreprises et actions financières.

Du côté des fabricants (et distributeurs) de produits financiers, le défi est d'autant plus grand que la protection de la planète et des autres est une cause récente : un enjeu vers lequel leurs métiers n'étaient pas spécialement tournés jusqu'aux années 2010. Beaucoup de sociétés de gestion se sont donc lancées dans la thématique sans avoir eu au départ à leurs côtés, pour les éclairer, de véritables experts. Face à la grande complexité des sujets environnementaux et sociaux, comment trouver des gérants capables de tout

25. Jean-Baptiste Fressoz, « Transition énergétique : le grand malentendu », *Le Monde*, 24 octobre 2018.

comprendre et de créer une offre pointue de placements « responsables » ? Et comment sensibiliser davantage les « financiers de toujours » aux investissements de long terme (investir des sommes pour vingt à trente ans) alors que le mantra des gains rapides voire immédiats dictait auparavant leurs stratégies d'investissement ? Nul doute que le défi, dans les milieux financiers, est de taille : la transition environnementale nécessite aussi une transition culturelle.

Après quelques années de tâtonnement et grâce aux efforts de quelques pionniers, la plupart des sociétés de gestion offrent désormais une gamme complète et finement expertisée de produits « responsables ». Pour y parvenir, l'une d'elles, Sycomore AM, a par exemple fait appel à un ancien expert de l'Ademe (Agence de la transition écologique) : une compétence utile pour apporter une vision altruiste aux équipes de gestion et les aider à transformer leurs choix d'investissement. Le temps et le budget nécessaires pour transformer la culture des gérants sont donc importants : il faut inclure, dans les équipes des experts de l'environnement, des juristes du droit social et recourir aux compétences extérieures à même de renforcer l'expertise des investissements. Bref, « verdir » sa gamme de produits reste un investissement lourd !

Les plus petites sociétés de gestion risquent-elles d'en souffrir ? Elles sont en effet déjà en difficulté et certaines peinent à attraper en marche le train de l'ISR : elles manquent souvent, aujourd'hui encore, de ressources humaines et financières pour proposer des fonds vertueux assez nombreux et manquent parfois d'argent pour recruter les spécialistes de la thématique. Quel avenir pour ces acteurs indépendants ? Concurrencés de toutes parts, ils risquent de disparaître de la carte des sociétés pratiquant la finance « responsable ». Même ceux qui parviennent à développer une offre ISR ou responsable crédible peinent à le faire savoir : difficile pour les acteurs de petite taille de peser face à la communication tambour battant des banques, des assureurs ou des gros acteurs des produits financiers et de la gestion de patrimoine. Les petites sociétés de gestion indépendantes, pour continuer à exister et proposer une offre vertueuse et visible, devront-elles se rapprocher des acteurs de plus grande taille ? La protection de la planète et le verdissement de la finance risquent-ils d'entraîner un enchaînement darwinien, jusqu'à l'effacement des petits acteurs au profit de poids lourds convertis parfois plus récemment à l'ISR ?

Un secteur qui recrute !

Le recrutement de conseillers financiers spécialisés sur les thématiques environnementales, sociales et de gouvernance est en plein boom. Une étude du cabinet de recrutement Birdeo annonce une croissance de 15 % par an de ces profils depuis trois ans !

3

Des placements durables, rentables et moins risqués !

> « Il est bon de suivre sa pente, pourvu que ce soit en montant. »
>
> André Gide, *Les faux-monnayeurs*

Un placement n'est pas un cadeau et la finance ne travaille jamais gratuitement ! Les acteurs de la finance plongent dans le grand bain des investissements responsables avec sincérité sans doute, et par intérêts bien compris aussi. Proposer des placements verts ou utiles pour la société s'avère de plus en plus rentable financièrement, en Bourse l'offre « *green* » qui se développe massivement en est la preuve ! Le marché des fonds durables, respectant des critères (ESG), ouverts aux particuliers se développe à un rythme effréné. Entre décembre 2018 et mi-2020, l'offre en France est passée de 488 à 797 fonds[1] ! Dans l'obligataire aussi le boom est

1. Novethic.

gigantesque : 235 milliards de dollars ont été émis en obligations vertes en 2019[2], un chiffre en hausse de 37 % sur un an. Les placements verts sont donc déjà incontournables. Ils ne relèvent plus de la mode ou du marketing, mais d'une réalité de marché, sur laquelle chaque continent pousse ses pions. L'Europe souhaite être en pointe : dans le monde, les obligations vertes en euros pesaient en 2019 d'ores et déjà autant que celles en dollars. Leur part pourrait même s'accroître si le plan de relance de l'Union européenne (750 milliards d'euros annoncés en 2020) voit le jour : les obligations vertes sont en effet supposées le financer à hauteur de 30 % !

La France n'est pas en reste : d'après l'Association française de gestion financière, en prenant en compte l'ensemble des approches « responsables » (ESG) adoptées par les acteurs de marché, ce serait au global, à début 2019, plus de 1 400 milliards d'euros qui seraient gérés de manière responsable en France. Un chiffre en progression de 40 % sur un an. Et le mouvement ira croissant selon Jean-François Bay, directeur général de Quantalys : « Sur 12 000 fonds répertoriés, nous en avons environ 900 (soit entre 8 et 9 %) qui se déclarent ESG ou ISR et notre estimation est qu'on sera à 25 % dans quelques années. Désormais d'ailleurs, on voit mal un gérant sortir un nouveau fonds qui ne soit pas ESG. On sent donc bien qu'il y a une vraie lame de fond, mais, à l'arrivée, l'important est de pouvoir vérifier – grâce aux prospectus d'investissement – si on s'inscrit dans un phénomène de mode ou s'il s'agit de véritables convictions. »

2. Étude mondiale menée par UniCredit.

Investir « responsable » pour limiter les chocs économiques

Les acteurs financiers s'engagent pour la défense de l'environnement et dans la quête de placements éthiques, mais cette conversion est-elle sincère ? Beaucoup de citoyens en doutent encore. Il est en effet « plus facile de désintégrer un atome qu'un préjugé », résumait Albert Einstein : une méfiance confirmée aujourd'hui et dont pâtissent par principe (et systématiquement) les acteurs financiers, même si de nombreux labels et comparateurs permettent de certifier leur engagement. Ces labels permettent de séparer le bon grain de l'ivraie et de distinguer les acteurs véritablement engagés de ceux qui font mine de l'être[3].

Globalement, les milieux financiers (et les fabricants de placements) réorientent leurs investissements avec un certain engagement. Beaucoup agissent aussi en quête de rentabilité, conscients que l'altruisme et la protection de la planète paieront et que l'inaction ou le laisser-aller environnemental leur coûterait plus cher que toute autre stratégie. Multiplier les efforts aujourd'hui finira par limiter les impacts et le coût du réchauffement et de la dégradation de nos sociétés. De ce point de vue, les investissements ESG sont sans doute les plus rentables à long terme !

La valeur verte

La prise en compte des critères extra-financiers ne détruit pas de valeur, au contraire ! Les critères environnementaux,

3. Voir chapitre 4.

sociaux et de gouvernance contribuent de manière positive à la performance financière des entreprises dans 62,6 % des cas*.
De quoi unir l'intérêt des investisseurs financiers aux causes des défenseurs de la planète ?
*** Étude Deutsche Bank, sur la base des 2 250 études académiques publiées sur le sujet pendant quatre décennies.**

Pour les financiers (comme pour nous tous), investir « responsable », c'est donc investir pour son propre avenir ! Le monde financier cherche d'ailleurs toujours à se protéger du risque et à le maîtriser : en soutenant les investissements verts, les acteurs espèrent réduire à terme l'impact financier des catastrophes climatiques, sociales, migratoires. Larry Finck, l'emblématique patron de BlackRock et leader mondial de la gestion, en fait désormais une boussole : « Il est désormais très clair pour moi que nous ne devrions pas éviter de parler du risque climatique car il constitue un risque financier. » Mazars a d'ailleurs mené une étude instructive[4], confirmant que 70 % des banques centrales et régulateurs mondiaux considèrent le changement climatique comme une menace majeure pour la stabilité financière. La Banque de France, par exemple, craint un choc stagflationniste « lointain mais certain », causé par la hausse des prix de l'énergie[5]. Les propos de Christine Lagarde, la présidente de la Banque centrale européenne qui se dit « consciente du danger de ne rien faire », ne devraient qu'accentuer le besoin d'agir des milieux financiers ! Signe supplémentaire de cette

4. Sondage mené auprès de 33 banques centrales et régulateurs représentant 77 % du PIB mondial publié en février 2019, en partenariat avec le Forum officiel des institutions monétaires et financières (OMFIF).
5. Stagflation : stagnation de la croissance et hausse des prix simultanées.

accélération, le réseau des banques centrales et des superviseurs pour le verdissement du système financier (NGFS), créé à l'initiative de la Banque de France en décembre 2017, compte désormais une cinquantaine de membres, contre huit banques centrales et superviseurs à sa naissance[6]. Les acteurs financiers sont donc poussés de toutes parts à changer leurs habitudes. Ils commercialisent de plus en plus de placements responsables et durables, conscients de leur utilité à long terme : une dérive du climat nuirait au potentiel des générations futures; la croissance dont nos enfants ne pourraient plus jouir finirait par manquer aussi aux produits financiers et entraîner une moindre rentabilité des placements.

Parmi les nombreux acteurs financiers, les assureurs sont sans doute aux premières loges du réchauffement climatique et donc aussi les plus sensibles à ses effets et à son coût. Ils figurent en effet parmi les acteurs les plus impactés par les dégâts des catastrophes naturelles. Selon la Banque mondiale, les pertes dues aux catastrophes naturelles s'élèvent à environ 200 milliards de dollars par an depuis une décennie, soit 4 fois plus que dans les années 1980 ! D'après un rapport de l'ACPR, en 2018, le coût des catastrophes naturelles pour les assureurs français a déjà triplé en dix ans, et devient supérieur aux primes payées (ce qui annoncerait une hausse future des primes ? N'est-ce pas déjà le cas ?). Dans l'univers des placements financiers, les assureurs sont donc aux premières loges et pourraient être les premiers bénéficiaires d'investissements socialement

6. Voir l'article de Juliette Raynal : « Les stress tests climatiques pourraient se généraliser… à condition de maîtriser la donnée », *La Tribune*, 19 février 2020.

responsables. Pour eux, soutenir l'investissement responsable (et *a fortiori* accélérer la transition énergétique) aidera à réduire les factures qui les attendent !

Les banquiers face aux risques

Depuis 2008, les banques européennes ont supprimé plus de 500 000 emplois ! Aujourd'hui, la digitalisation aggrave le phénomène et entraîne encore des fermetures d'agences bancaires en cascade. Après des siècles d'expansion, les agences bancaires tendent à se raréfier même dans les grandes agglomérations.

Les conseillers bancaires sont particulièrement visés. Conscients de leur nouvelle fragilité économique, contribueront-ils davantage encore à promouvoir un monde durable ? Seront-ils de plus en plus engagés dans la distribution de placements « responsables » ou solidaires ? La question se pose.

Ce qui pollue va coûter plus cher !

La finance se convertit donc aux placements « responsables », car elle comprend l'avantage financier qu'elle peut en tirer. Si l'environnement continue de se dégrader, les risques financiers seront plus nombreux : si le réchauffement se poursuit, si les espaces naturels se dégradent, si la biodiversité diminue, si les sociétés se tendent toujours davantage, les actifs pourraient finir par se dévaloriser. L'impact du réchauffement sur notre santé aurait un coût élevé, tout comme les maladies. La crise du coronavirus en 2020 qui n'avait, elle, rien à voir avec le réchauffement, a d'ailleurs montré combien le moindre déséquilibre sanitaire pouvait mettre en péril nos économies et dévaloriser les actifs financiers en un claquement de doigts : le CAC 40 a perdu environ 30 % en à peine quelques semaines, rien qu'entre février et avril 2020... de quoi sensibiliser un peu plus encore les acteurs financiers aux thématiques sanitaires et, *in fine*, aux investissements durables !

Si la dégradation de l'environnement (ou une mauvaise gestion sanitaire mondiale) peut coûter cher, les investissements durables supposés en limiter les effets ont eux aussi un coût et génèrent eux aussi d'autres risques financiers : certains actifs bientôt jugés trop polluants ou néfastes pour la santé et la planète perdront de leur valeur car plus personne ne voudra y investir. Ils seront jugés en effet trop risqués et éloignés des impératifs environnementaux : les investisseurs « responsables », les agences de notation extra-financières et les actionnaires sanctionneront ces entreprises qui seront jugées dépassées et exposées à d'éventuelles amendes pour non-respect des nouvelles réglementations vertes. Mark Carney, ancien gouverneur de la Banque d'Angleterre, va plus loin : « Les entreprises et les industries qui ne se dirigent pas vers des émissions zéro carbone seront punies par les investisseurs et condamnées à mort. »

Un cercle vicieux ? Si les investisseurs s'en détournent, cela pourrait en effet entraîner la fermeture d'usines, de gisements, d'entreprises, voire la disparition de filières ou secteurs (polluants ou en dehors des normes), avec des conséquences économiques et sociales importantes. Citigroup estime à 100 milliards de dollars le montant des actifs « échoués » dans le monde d'ici à 2028 ! Jeremy Rifkin, le célèbre prospectiviste américain, le dit aussi : « Lorsque l'éolien et le solaire deviendront encore moins chers, les pipelines pétroliers seront laissés à l'abandon, les usines et les raffineries devront fermer, les stations-service finiront abandonnées à leur tour. » Autrement dit, plus les investisseurs fuiront ces secteurs en retard dans la transition, plus leur déclin s'accélérera : une raison de plus d'éviter d'y investir et de proposer de moins en moins de produits financiers indexés à leur évolution !

Si l'accord de Paris est pleinement appliqué, on estime qu' « un tiers des réserves de pétrole, la moitié de celles de gaz et 80 % de celles de charbon resteront sous terre et donc, effectivement, un certain nombre d'infrastructures déjà installées vont se dévaloriser[7] », prévient Fanny Henriet, professeur associé à Paris School of Economics. Même constat de la part de Sébastien Soleille, responsable de la transition énergétique et environnementale chez BNP Paribas : « On le voit aussi dans l'électricité : en 2015, l'arrivée massive d'électricité renouvelable a déséquilibré les grands électriciens européens, entraînant des dépréciations d'actifs de plusieurs dizaines de milliards d'euros en une seule année. Il en va de même dans le monde du pétrole et du gaz : Repsol vient d'annoncer 4,8 milliards d'euros de dépréciations d'actifs du fait de la perte de valeur de ses actifs de gaz et de pétrole liée à la lutte contre le réchauffement climatique[8]. » Les secteurs polluants se déprécient donc plus vite que les autres. Le poids du secteur pétrolier et gazier fond particulièrement : il

---

7. Fanny Henriet, émission *Entendez-vous l'éco*, France Culture, 30 janvier 2020, présentée par Tiphaine de Rocquigny.
8. Sébastien Soleille, émission *Entendez-vous l'éco*, France Culture, 30 janvier 2020, présentée par Tiphaine de Rocquigny.

est passé de 13 % de la capitalisation totale du CAC 40 en 2010 à seulement 6 % aujourd'hui. Aux États-Unis, la dépréciation du secteur est encore plus spectaculaire : son poids est passé de 16 % de la capitalisation du S&P 500[9] en 2008 à moins de 2 % aujourd'hui (son plus faible niveau depuis au moins trente ans)... Le phénomène n'échappe donc pas aux acteurs financiers. Alain Pitous est le directeur de la finance responsable chez OFI AM ; pour lui le mouvement ne fait que commencer : « Aujourd'hui, aux États-Unis, les mines de charbon rencontrent les pires difficultés car plus personne ne veut les financer, et le pétrole de schiste prend le même chemin. Pour les investisseurs, ces secteurs n'offrent donc plus autant de potentiel en Bourse qu'avant ! »

Le coût du risque

Les sociétés confrontées à des polémiques (amendes, controverses, procès autour d'enjeux environnementaux ou sociétaux) affichent en moyenne une performance de 12 % inférieure au reste du marché. Cette sous-performance perdure en moyenne pendant les deux années suivant le déclenchement de la controverse ! Elles font également moins bien que leur indice sectoriel régional (sous-performance de 4 %) pendant au moins deux ou trois ans.

Source : étude Société générale avec Sustainalytics, citée dans *Les Échos* du 3 février 2020.

9. Si l'on prend l'ensemble des trois critères ESG, la note moyenne des sociétés françaises est meilleure que celle de leurs homologues américaines, avec de beaux scores pour les sociétés Sopra Steria, Atos, Worldline ou STMicro. La note moyenne des sociétés américaines est plus faible, particulièrement celle d'Amazon, Facebook ou Alphabet. Seul Microsoft se rapproche de ses pairs européens.

Pour limiter les risques de moins-values, les acteurs financiers évitent donc de plus en plus d'investir dans les secteurs polluants ou exposés aux controverses. Certes, en n'y investissant plus, ils amplifient les difficultés d'un certain nombre d'entreprises concernées, mais ce coût pour l'économie est sans doute plus facile à circonscrire que celui d'un réchauffement éventuellement amené à s'emballer. La transition énergétique peut être maîtrisée, planifiée, anticipée, alors qu'un emballement climatique finirait probablement par nous échapper. « La plupart des études économiques sur le coût du changement climatique l'évaluent entre 1 et 2 % du PIB mondial », selon Guillaume Sainteny, maître de conférences à l'Agro et membre de l'Académie d'agriculture. « L'une des conclusions fréquemment avancées par les études sur le changement climatique réside dans le constat que le coût de l'action se révèle inférieur au coût de l'inaction. Le rapport Stern, par exemple, considère que l'inaction environnementale coûterait 5 à 20 fois plus que le coût de l'action ! » L'engagement durable est donc un investissement plus prometteur financièrement que l'inaction. Investir dans la transition énergétique offre à la fois un meilleur rendement à long terme et un moindre risque.

Le meilleur des deux mondes ?

Les financiers l'appellent le « couple rendement-risque » : tout placement doit offrir aux épargnants le meilleur rapport entre le risque de l'investissement et ce qu'il rapporte. Plus l'investissement est risqué, plus ce risque doit être rémunéré. À l'inverse, plus le placement se veut sécuritaire, moins il générera de rendement : le Livret A, très sécuritaire, ne rapporte par exemple que 0,5 % (le prix de la sécurité), et les fonds communs de placement dans l'innovation (FCPI), beaucoup plus risqués, rapportent quelque 8 % (le salaire de la peur !). Le juste équilibre de ce « couple rendement-risque » conditionnera l'attrait du placement et son succès auprès des investisseurs et des épargnants. Qui accepterait en effet d'investir dans un placement risqué si la promesse de rendement était faible ? L'équilibre du couple rassure les épargnants, il est un facteur démultiplicateur de collecte…

Or, l'investissement socialement responsable parvient à limiter les risques financiers de l'investisseur et entre donc en général dans la catégorie des placements qui « rassurent » : en tant que placement peu spéculatif, quels gains supplémentaires permet-il d'espérer ? C'est là leur magie : moins risqués, les placements « responsables » n'en apparaissent pas moins lucratifs dans la durée. Ils pourraient donc parvenir à générer une performance financière supérieure, dans la durée, à celle des placements plus traditionnels, tout en diminuant les risques de moins-values associés. « Le défi climatique est porteur de ce que Schumpeter appelait la "destruction créatrice" », explique à nouveau Guillaume Sainteny, maître de conférences à l'Agro et membre de l'Académie d'agriculture : « Des énergies, industries, procédés industriels, types de transports, de distribution, etc., déclineront ou verront leur déclin accéléré car trop émissifs en gaz à effet de serre ou devenus trop coûteux s'ils doivent intégrer un prix carbone ascendant […]. Mais dans le même temps, émergent ou émergeront d'autres techniques, d'autres énergies, d'autres industries, d'autres moyens de distribution, d'autres procédés (ENR, *smart grids* – réseaux intelligents –, compteurs intelligents, stockage d'électricité, stockage de carbone, économies d'énergie...) qui viendront remplacer les industries déclinantes ou leur permettre de survivre en se transformant[10]. » Investir dans les nouvelles solutions environnementales permet donc non seulement de limiter la prise de risque financière, mais aussi de participer à des secteurs d'avenir promis à la croissance. Le domaine des ENR, par exemple, est constitué de plusieurs marchés porteurs sur le plan mondial : globalement, il représentera la moitié de la hausse de la production électrique attendue d'ici 2040, dont 34 % pour l'éolien et 18 % pour le solaire[11]. Si l'investisseur choisit méticuleusement ses placements « responsables », en diversifiant les secteurs et les entreprises qu'il finance, il pourrait en tirer à long terme un meilleur rendement, et ce, à faible risque (en diminuant son exposition aux secteurs polluants ou les plus sujets à controverse et susceptibles de décliner). Un couple rendement-risque potentiellement (et dans la durée) très favorable !

L'ISR, meilleur vaccin anti-crise ?

La première vague de Covid-19 en mars 2020 a une nouvelle fois montré la résilience des investissements socialement responsables (ISR) ! Ils ont nettement résisté au krach des marchés : la surperformance flirte parfois avec les 10 points alors que le CAC 40 sur la période a perdu plus de 25 %.

10. Guillaume SAINTENY, *Le climat qui cache la forêt*, *op. cit.*
11. Agence internationale de l'énergie, World Energy Outlook, 2014.

Sur une longue période aussi, les investissements « responsables » font mieux que les autres : les portefeuilles d'actifs les plus « responsables » ont généré sur neuf ans une performance 2,3 fois supérieure à celle des actifs au contraire les moins engagés.

Source : étude La Financière de l'Échiquier.

Les femmes dirigeantes valorisent les entreprises !

L'ISR ne vise pas qu'à protéger la nature : il permet aux épargnants d'investir aussi en faveur de causes sociales, de l'égalité des sexes et de la bonne gouvernance au sein des entreprises. Sur ce front aussi, y investir se révèle potentiellement lucratif dans la durée ! Ainsi, de nombreuses études montrent que les entreprises dont le conseil d'administration est composé d'autant de femmes que d'hommes sont plus créatives que les autres. « Des conseils d'administration variés au niveau de l'expérience, de l'expertise, de l'âge, de la race et du genre [...] prennent de meilleures décisions », explique dans un document BlackRock, leader mondial de la gestion d'actifs. Entre 2011 et 2016, lorsqu'une entreprise offrait au moins trois postes d'administrateur à des femmes, celle-ci voyait le retour sur investissement en fonds propres progresser de 10 % (et son revenu par action progresser de 37 %). Dans le même temps, une entreprise n'offrant aux femmes aucun poste d'administrateur voyait son revenu par action médian régresser de 8 %[12].

12. Étude du MSCI Research.

Les produits financiers proposant de privilégier l'égalité des sexes se multiplient donc. Sycomore AM a été l'un des premiers en France à s'intéresser à cette thématique et à la proposer à ses clients à travers l'un de ses fonds[13]. Il revendique des investissements dans les entreprises qui valorisent le capital humain et dont les collaborateurs participent au succès collectif. Parmi les entreprises composant le fonds à début 2020, Robertet (moins de 2 000 collaborateurs), le réassureur Scor ou encore Michelin.

De même, Robeco propose un fonds investissant sur l'égalité des sexes (le fonds Gender Equality), et un autre investit dans des entreprises préservant les droits des enfants (le fonds Child Care). Conseil Plus Gestion propose le fonds Valeurs féminines, Lemanik AM a créé le fonds Amazone Euro Fund. Bref les exemples sont innombrables ! Les marchés voient même apparaître des ETF (fonds indiciels) intégrant eux aussi des critères d'égalité au travail. L'ETF français Lyxor Global Gender Equality est l'un des mieux notés : il sélectionne les sociétés mondiales qui ont les meilleures pratiques en matière d'égalité hommes-femmes. Cet ETF est en effet constitué de 150 sociétés du monde entier qui ont obtenu le meilleur score en matière d'égalité hommes-femmes selon 19 critères établis par Equileap, un organisme de recherche spécialisé dans ce domaine. Ces critères mesurent notamment la part de femmes dans les postes à responsabilités ou les différences de salaires avec leurs collègues masculins. Ils évaluent également les mesures prises par l'entreprise pour le respect de la parité

13. Fonds Sycomore Happy@Work, lancé en juillet 2015. Il vise une performance à cinq ans supérieure à celle de l'indice Euro Stoxx TR.

dans les démarches de recrutement, ou pour lutter contre le harcèlement sur le lieu de travail.

Gare au *pink washing*? De plus en plus de sociétés de gestion semblent en tout cas convaincues de l'efficacité financière de la thématique, et proposent une offre de produits d'épargne et d'investissement à même de soutenir les entreprises actives sur les questions d'équité et les droits de l'homme. Cependant les critères d'investissement pourraient encore être affinés : les fonds ISR devront à l'avenir inclure plus souvent les évolutions de rémunération et de carrière au sein des entreprises dans lesquelles ils choisissent d'investir. Une entreprise respectant parfaitement l'égalité des genres mais n'offrant jamais aucune perspective de progression à ses salariés est-elle vertueuse ? Elle risque en tout cas d'attirer moins de talents, de moins stimuler ou motiver ses équipes, et finalement d'annihiler les bénéfices attendus de la mixité (bénéfices en matière d'activité et de créativité des équipes, et donc aussi de bénéfices financiers)…

Le bonheur est productif !

Les entreprises favorisant l'épanouissement des salariés, privilégiant les relations obliques aux hiérarchies trop verticales, sont donc aussi plus créatives. Elles attirent davantage les talents et leur permettent de s'exprimer plus librement. En somme, le bonheur est productif! De plus en plus de fonds (composés de sociétés cotées en Bourse) choisissent donc d'inclure ces entreprises attractives. De même, les entreprises aux espaces de travail innovants, incluant des services à forte valeur ajoutée tels qu'une salle de gym par exemple ou des espaces de détente, auront davantage de chance d'attirer les talents qu'elles recherchent. Pour voir le rendement de leurs investissements croître, les financiers doivent donc de plus en plus privilégier les entreprises capables d'attirer ces talents : sans eux, moins de créativité et moins de performances pour l'entreprise à long terme.

Le match des investissements « responsables »

Les entreprises affichant les meilleures notes sociales affichent aussi la meilleure performance boursière sur neuf ans : une hausse moyenne de 189,7 % !

Juste derrière, les sociétés les mieux notées en matière de gouvernance ont gagné 147,4 %. Finalement, celles qui affichent les meilleures notes environnementales arrivent assez loin derrière les premières avec une performance boursière de +132,7 % !

En revanche, les entreprises les moins bien notées en matière de gouvernance sont celles qui génèrent le moins de performances (73,5 %). « Se tenir à l'écart des entreprises dotées d'une gouvernance médiocre semble toujours être une bonne décision de gestion », estiment les auteurs de l'étude.

Source : étude de La Financière de l'Échiquier.

Les jeunes, créateurs de valeur(s) !

Or, les nouvelles générations d'étudiants ou de jeunes actifs ne se contentent pas de chercher les entreprises les plus agréables. De plus en plus choisissent aussi leur employeur sur des critères d'impact : épris d'écologie, ils évaluent l'impact environnemental ou social de l'entreprise qui propose de les embaucher, et décident d'y travailler (ou non) aussi selon ce critère. À quoi cela rime-t-il de se déplacer à vélo quand on travaille pour une entreprise dont les activités contribuent à l'accélération du dérèglement climatique, à l'épuisement des ressources, à l'effondrement de la biodiversité ? Pour les financiers et les gérants de produits d'épargne, privilégier l'investissement dans les entreprises répondant aux attentes des jeunes diplômés et des jeunes talents devient donc une nécessité. Tout fonds de placement se valorisera davantage si les actifs (les entreprises) qui le composent attirent les talents de demain, parviennent à les embaucher et à en tirer des bénéfices pour leur activité.

De plus en plus, les placements « responsables » (en quête de croissance durable) proposent donc aux particuliers d'investir dans ces entreprises-modèles, capables d'embaucher les leaders de demain. Et gare au *greenwashing* : les jeunes diplômés s'en méfient et ont publié le *Manifeste étudiant pour un réveil écologique* en septembre 2018. La plate-forme « Pour un réveil écologique » est ensuite née en 2019 : elle propose des outils destinés à réveiller les employeurs et l'enseignement supérieur. Elle liste les bonnes questions à se poser, donne aux entreprises des pistes d'action face aux enjeux sociaux et environnementaux, et aide les candidats à l'emploi à distinguer les entreprises de bonne volonté (celles qui transforment en profondeur leur stratégie) de celles qui font du *greenwashing*[14]. Une pression croissante qui pousse de plus en plus d'entreprises à s'engager sincèrement. D'autant que de plus en plus

14. Plus de détails à lire dans le 4e numéro du magazine *ID - Investir Durable.*

d'acteurs boursiers ou financiers en quête de performances et d'influence pourraient choisir à leur tour d'y investir! À l'inverse, certains fonds choisissent de ne plus investir dans les sociétés où les inégalités salariales sont trop fortes : peu attractives, éloignées des aspirations des nouvelles générations, elles risquent de rater certains talents.

Le palmarès des sociétés-modèles Classement Quantalys des sociétés les plus représentées dans les fonds ISR à vocation « sociale »:

- LVMH : société française, leader mondial des produits de luxe.

Reconnue pour les avantages accordés aux salariés.

- Edenred : société française, plateforme de services et de paiements à destination du monde du travail.

Reconnue comme plateforme de soutien au paiement des repas des salariés et aux restaurateurs.

- Air liquide : société française, un des leaders mondiaux de la production de gaz industriels et médicaux.

Reconnu pour le développement de l'actionnariat salarié.

Le handicap des *start-up*

Les sociétés naissantes « pressurisent » souvent davantage que les autres leurs salariés : elles cherchent à atteindre au plus vite la taille critique qui leur permettra de prendre de vitesse la concurrence et de continuer à se développer. Le temps de travail y est donc souvent très important, les

congés payés souvent au minimum légal et les salaires guère attractifs...
Les investisseurs sensibles aux enjeux de gouvernance évitent donc d'y placer leur argent. Mais ces sociétés n'en auraient-elles pas besoin ? Cet argent ne leur permettrait-il pas de franchir plus vite les plus difficiles étapes de leur croissance et d'améliorer plus rapidement les conditions de travail des salariés ?

Les entreprises « citoyennes » plus attractives ?

À long terme, il est probable que les entreprises servant une rémunération exorbitante à leurs dirigeants au détriment des salariés finissent par accumuler les retards. Elles risquent en effet de générer des rancœurs parmi les salariés (et au-delà parmi l'ensemble des citoyens) qui auront du mal à comprendre en quoi un homme, peu importent ses actions, ses responsabilités et sa valeur au quotidien, devrait être rémunéré à lui tout seul à un montant équivalent à la somme des salaires de dizaines de milliers d'autres... Même s'il arrive à doubler le chiffre d'affaires de son entreprise et à tripler le prix de son cours de Bourse, toute rémunération exorbitante sera à l'avenir de plus en plus source de questionnement, crispant les relations au sein de l'entreprise et bloquant éventuellement la cohésion de ceux qui la composent. La qualité des relations sociales, le bon fonctionnement du conseil d'administration et la confiance des clients sont autant de facteurs qui jouent en faveur de la résilience des entreprises.

Bien entendu, les dirigeants moins bien payés pourraient alors décider de partir à la concurrence. Mais un bon dirigeant est-il uniquement motivé par l'argent ? Le sentiment d'utilité, l'orgueil, la fierté du travail bien fait, l'innovation, la qualité des relations nouées peuvent également être des motivations puissantes. Les conseils feraient probablement bien de recruter ce type de profils s'ils veulent asseoir durablement le leadership de l'entreprise dont ils ont la charge. Pour cette raison aussi, les gérants de fonds auraient tout intérêt à sélectionner dans leurs portefeuilles de sociétés cotées les entreprises dont les politiques de rémunération sont les plus cohérentes : à long terme, cette stratégie pourrait s'avérer payante si la cohésion des entreprises s'en trouve renforcée...

De plus en plus de fonds de gestion n'ont pas attendu et mettent la main à la pâte, gérant leur allocation aussi sur ce critère des rémunérations. Parmi les entreprises sélectionnées au prisme des rémunérations, on trouvait par exemple ces dernières années Thermador (distributeur d'outils de chauffage et de plomberie), plusieurs sociétés de gestion saluant la transparence des rémunérations dans tout le groupe et l'absence d'actions gratuites. Legrand apparaît aussi régulièrement dans ces fonds : Gilles Schnepp, son président, a pris pour habitude de se faire moins rémunérer que la plupart de ses homologues du CAC 40[15]... Certains portefeuilles boursiers investissent donc déjà en priorité dans ces entreprises dont les dirigeants sont rémunérés à un niveau propice à la cohésion des équipes. Pendant la crise du coronavirus, certains dirigeants d'entreprises ont

15. 1,7 million d'euros en 2017 alors que la rémunération moyenne des P.-D.G. du CAC 40 a dépassé 5 millions d'euros la même année. Il ne bénéficie pas de retraite complémentaire ni d'indemnité de non-concurrence ou de départ. Source : Sycomore AM.

même renoncé à une partie de leur rémunération, en signe de solidarité avec leurs salariés mis au chômage partiel ! Par exemple, le directeur général de Suez ainsi que l'ensemble des membres du comité exécutif ont annoncé qu'ils cédaient un quart de leur rémunération soit quelque 200 000 euros, « à des actions de lutte contre [le coronavirus] ». De même, les cogérants de Michelin ont annoncé une baisse de leur rémunération de 25 % pour les mois d'avril et mai 2020. Pour les épargnants en quête de placements durables, voilà un critère supplémentaire de sélection des entreprises dans lesquelles investir !

La force du capital humain

Avec le coronavirus, les enjeux de gouvernance reviennent sur le devant de la scène alors que ces dernières années la lutte contre le changement climatique attirait seule l'attention. Pendant la crise du coronavirus, les entreprises dont la gouvernance apparaissait respectueuse des salariés et transparente s'en sont mieux sorties que les autres. Alors que les marchés chutaient, c'est surtout la force des facteurs sociaux et de gouvernance qui a permis cette résilience. Pour les experts de La Française AM, « la gestion engagée du capital humain a permis une protection efficace des employés et un processus de réorganisation qui ont largement minimisé les perturbations. Les investisseurs ont été rassurés, et ont estimé ces entreprises capables de reprendre leurs activités plus rapidement que leurs homologues. » Cette visibilité accrue les a incités à y investir en priorité, malgré la tempête boursière.

4

ISR, des investissements « sincèrement » responsables ?

« L'enfer est pavé de bonnes intentions. »
SAINT BERNARD, XIIe siècle

La finance se convertit donc aux investissements « vertueux » à une vitesse supersonique : par conviction, et parce qu'elle y voit une source de performance financière à long terme. Les placements commercialisés et proposés aux particuliers incluent de plus en plus des critères d'impacts environnementaux et sociétaux : les entreprises sélectionnées dans les portefeuilles boursiers doivent de plus en plus souvent répondre à des exigences ESG (environnement, social, gouvernance). Cependant, tous les acteurs ne choisissent pas encore d'investir massivement « responsable », et surtout certains acteurs institutionnels français ne respectent pas l'obligation d'information des paramètres

ESG dans les politiques d'investissement : « Plus d'un quart ne se plie pas à l'exercice du reporting pourtant obligatoire », regrettait encore Novethic fin 2019.

Plus embêtant encore (et hélas encore plus fréquent) : les sociétés de gestion mesurent souvent elles-mêmes la qualité environnementale ou sociale de leurs portefeuilles et des entreprises ou des actifs qui les composent. Vincent Auriac P.-D.G. d'Axylia. Selon un nombre conséquent de sociétés de gestion sont donc à la fois juges et partie : « Chaque acteur doit-il avoir ses propres critères et ses propres modes de calcul de l'impact environnemental et social des sociétés détenues en portefeuille ? Et qui viendra évaluer leurs modes de calcul ? L'indépendance des mesures peut-elle être garantie si le détenteur des portefeuilles définit lui-même les critères d'évaluation de ses produits ? »

On n'est en effet jamais mieux servi que par soi-même, et chacun note donc les entreprises à sa sauce. D'autant qu'au moment de constituer leurs portefeuilles, les gestionnaires d'actifs financiers doivent composer avec de la *data* disponible pas toujours compréhensible des investisseurs : « n'ayant pas trouvé de méthodologie satisfaisante auprès des fournisseurs de *data*, nous avons constitué notre propre méthodologie pour déterminer l'impact climatique des investissements de nos clients », explique Vincent Auriac.

Comme Axylia, de nombreux acteurs ont donc créé leur méthodologie propre pour mesurer et communiquer l'ensemble des métriques ESG et Climat de leurs fonds. Une évolution rendue possible grâce à l'amélioration de la qualité et de la quantité des données extra-financières disponibles, via le travail de recherche des agences spécialisées et une plus grande transparence des entreprises. « La mesure de l'alignement des portefeuilles d'investissement avec différents scénarios de réchauffement climatique n'était pas possible il y a cinq ans », explique ainsi dans *Les Échos* Hervé Guez, directeur de la recherche en investissement responsable de Mirova[1]. Certaines sociétés de gestion retravaillent par ailleurs la *data* récupérée auprès des fournisseurs pour fabriquer leur propre analyse, leur propre interprétation, et publient point par point leur méthodologie. « C'est un investissement plus qu'un coût, car l'analyse ESG permet de mieux évaluer les risques et d'identifier des opportunités de croissance », estime Cesare Vitali, responsable de l'investissement responsable chez Ecofi[2]. La bataille est rude entre sociétés de gestion pour proposer l'analyse-maison la plus fine et la moins contestable possible. Chacune met en avant à la fois l'exclusivité de son analyse et les compétences particulières des partenaires avec lesquels elles la fabriquent. Estelle Ménard est la responsable-adjointe des gestions thématiques de CPR AM : « Nous avons été innovants en nous associant à travers un partenariat exclusif avec CDP, une ONG spécialisée dans les données environnementales des sociétés. Notre fonds dédié au climat lancé en 2018 est désormais le seul fonds actif co-brandé, qui plus est avec l'ONG de référence au niveau mondial. » La concurrence est donc rude : chaque acteur financier affûte ses armes pour convaincre qu'il a la meilleure analyse de l'impact environnemental des actifs ou l'approche la plus originale et la plus pertinente des enjeux.

---

1. Bastien Bouchaud, « Finance verte : les gérants français à la fête », *Les Échos*, 23 février 2020
2. *Ibid.*

L'environnement n'est pas le seul terrain sur lequel les sociétés de gestion rivalisent d'ingéniosité et tentent de trouver les meilleurs outils d'évaluation des politiques sociales des entreprises dans lesquelles elles investissent. Certains placements proposent donc aux particuliers d'investir dans les sociétés créant le plus d'emplois (empreinte sociale positive), mais l'investissement pourra-t-il se prétendre « responsable » si lesdits emplois créés se révèlent finalement précaires ou très mal payés ? « Nous voulions soutenir des entreprises qui contribuent au développement économique et à la réduction des inégalités à travers les emplois qu'elles créent, mais nous nous sommes rendu compte qu'il n'existait pas d'outil pour mesurer une telle performance. Alors, nous avons décidé de le bâtir nous-mêmes », témoigne Anne-Claire Imperiale, co-responsable de la recherche ESG chez Sycomore AM. Pour y parvenir, la société de gestion s'est donc à nouveau entourée en s'associant avec The Good Economy, un expert britannique de l'impact social. Ensemble, ils ont conçu une notation (baptisée The Good Jobs Rating), fondée sur des critères d'inclusion et de capacités à offrir des emplois pérennes…

Chaque société choisit donc ses fournisseurs de données ESG (et ses partenaires d'analyse) selon ses propres priorités, sa propre culture et finalement selon les intérêts qu'elle poursuit. Les risques de conflit d'intérêts ne sont pas nuls : les ONG qui s'associent aux sociétés de gestion en leur fournissant de l'analyse et des données parviennent-elles à s'associer au monde de la finance et à certifier les investissements gratuitement ? Sans aucune contrepartie pécuniaire ? « Oui », veulent rassurer tous les acteurs français interrogés :

« Les données utilisées sont publiques et fabriquées indépendamment de nos besoins, expliquent-ils. Nous allons puiser nos informations et notre analyse dans ce qui existe et est publié indépendamment des besoins des sociétés de gestion, selon une méthodologie précise et publique. »

Il n'empêche que chaque acteur a ses propres critères et ses propres modes de calcul de l'impact environnemental et social des sociétés qu'il détient en portefeuille : une hétérogénéité d'analyse qui finit par semer la confusion et entraîner des contradictions majeures. Ainsi, une société comme Facebook apparaîtra à certains acteurs plutôt positive pour l'environnement (ils l'intégreront de bonne foi dans leurs portefeuilles ESG), alors que d'autres fonds d'investissement suivant d'autres critères d'analyse le jugeront au contraire très néfaste et choisiront de l'exclure. Pour les uns, Facebook rapproche les individus et participe au déploiement de la liberté d'expression dans de nombreux pays, pour les autres Facebook enferme au contraire chacun dans son cercle amical, traque les utilisateurs pour mieux monétiser leurs habitudes et leurs comportements, tout en aggravant les émissions de CO_2 en accroissant l'usage d'Internet et des *data centers*. Les exemples comme Facebook sont nombreux : de même, la banque américaine JP Morgan est citée en modèle de gouvernance par certains modèles et en contre-exemple absolu par d'autres. Même avec la meilleure volonté du monde, il reste donc difficile d'apprécier de façon unanime et avec des outils (et des critères) reconnus de tous l'impact ESG des entreprises ou des actifs proposés dans les produits de placement.

Le label ISR pour certifier l'engagement des placements

Les épargnants peuvent donc s'interroger face aux allocations parfois contradictoires (et aux visions parfois antagonistes) des produits d'investissement « responsables » qui leur sont proposés. Comment être certain que tel ou tel produit prétendument éthique est construit et géré selon des critères d'évaluation sérieux et reposant sur un socle d'exigences qui fasse consensus ? Pour guider les épargnants perdus, les États s'engagent et ont créé des labels : en France, le label ISR et le label Greenfin. Ils guident les investisseurs, en certifiant les engagements des fonds disponibles et en expertisant leurs choix d'investissement. Un outil pour éviter un marketing vert abusif (le *greenwashing*) et s'assurer d'un socle commun de règles. De quoi en partie rassurer et créer les conditions de la confiance envers les produits commercialisés ? Au même titre que les labels dans l'alimentation ou d'autres secteurs d'activité, les labels de la finance éthique crédibilisent et légitiment le caractère durable des produits d'épargne financière, et les épargnants semblent convaincus : seuls 7 % des Français déclarent ne pas faire confiance aux labels pour valider l'orientation responsable d'un produit financier[3]. Les fonds labellisés enregistrent d'ailleurs de belles progressions en attirant plus massivement la collecte : l'encours des fonds ISR a pour la première fois atteint 128 milliards d'euros en 2019.

En France, le label ISR (qui signifie, rappelons-le, investissement socialement responsable) est le plus communément

3. Étude Audirep pour l'AMF, septembre 2019.

distribué. Créé et soutenu par le ministère des Finances, il a pour objectif de rendre plus visibles les produits d'investissement socialement responsables pour les épargnants en France et en Europe. Il est attribué au terme d'un processus strict de labellisation mené par des organismes indépendants, et constitue un repère majeur pour les épargnants souhaitant participer à une économie plus durable.

Un code de bonne conduite à toute épreuve ? Il distingue les fonds socialement responsables au terme d'un audit, mené par des organismes indépendants[4] certifiés par le Comité français d'accréditation. Les fonds labellisés doivent ainsi répondre à un cahier des charges strict, défini par arrêté ministériel et élaboré autour de 6 piliers les engageant en particulier à une transparence renforcée sur leurs stratégies et objectifs. Une fois labellisés, pour une durée de trois ans, les fonds subissent ensuite des contrôles et audits réguliers afin de valider la conformité de leurs règles de gestion vis-à-vis des exigences du label. Le label ISR donne ainsi aux particuliers une information fiable leur permettant dès lors, via leur compte-titres ordinaire, leur épargne salariale ou leur assurance vie, d'encourager une économie et des comportements responsables avec un choix de fonds labellisés aux méthodologies contrôlées.

Dans son principe, sa philosophie et sa mise en œuvre, l'ISR est donc d'une part un mécanisme pour flécher l'épargne vers le financement de la transition énergétique, et d'autre part un instrument pour influencer le comportement des entreprises candidates aux financements. Pour intégrer les portefeuilles labellisés ISR (et ainsi attirer à elles

4. Ces organismes sont au nombre de deux : Afnor Certification et EY France.

de nouveaux investisseurs, et obtenir des financements), les entreprises candidates devront adapter leurs modes de production et de consommation aux exigences du label. À travers lui les sociétés parviendront, aussi, à améliorer leur image dans la durée.

Les États essaient-ils d'entretenir ce cercle vertueux ? En effet, les autorités ont assorti le label ISR de nombreuses incitations poussant les sociétés de gestion et les fabricants de placements à l'obtenir. En France, l'État les y incite surtout depuis la loi du 12 juillet 2010 portant engagement national pour l'environnement : elle prévoit que « les SICAV et les sociétés de gestion mentionnent dans leur rapport annuel et dans les documents destinés à l'information de leurs souscripteurs les modalités de prise en compte dans leur politique d'investissement des critères relatifs au respect d'objectifs sociaux, environnementaux et de qualité de gouvernance ». Autrement dit, tous ceux qui ne jouent pas le jeu ne peuvent plus se cacher : leurs lacunes, leurs défauts pour l'environnement ou la société seront visibles et connus de tous ! Une transparence qui met à nu les acteurs et les incite à agir ! La loi du 17 août 2015 va encore plus loin en étendant les obligations aux investisseurs institutionnels et en élargissant le champ de la transparence à la gestion des risques climatiques et aux moyens mis en œuvre au bénéfice de la transition énergétique et écologique. Enfin, la loi Pacte impose désormais aux acteurs de l'assurance vie d'inclure des fonds ISR dans leur gamme. Désormais donc, les acteurs financiers les moins engagés sont facilement repérables et le risque de mauvaise réputation n'en est que démultiplié. Le label ISR joue désormais dans un fauteuil…

Une course au label

Les sociétés de gestion déploient désormais des gammes complètes de fonds labellisés. La Banque postale Asset Management, la filiale de gestion d'actifs de la Banque postale, dispose ainsi de 35 fonds détenant le label ISR. Natixis, filiale du groupe BPCE, en propose 31 et BNP Paribas Asset Management, 22.

Signe de l'attractivité du marché de l'investissement durable, des sociétés étrangères viennent par ailleurs concurrencer les gérants français. Sur les 263 fonds labellisés ISR, 62 sont détenus par des sociétés situées hors de France.

Comment investir dans les placements ISR ?

Les placements labellisés ISR ne manquent pas, et répondront aux attentes croissantes des Français : 6 Français sur 10 déclarent accorder une place importante aux impacts environnementaux et sociaux dans leurs décisions de placements[5] ! Le Plan d'épargne entreprise (PEE), l'assurance vie, les compte-titres ordinaires et les PEA sont les principaux placements ouvrant accès aux fonds labellisés ISR. Certains produits d'épargne retraite individuelle aussi (Madelin, PERP, et le tout nouveau PER). Vous en découvrirez les subtilités et les charmes dans les prochains chapitres (chapitres 5, 6 et 7). Avant de vous lancer, il convient de bien se renseigner sur les risques, le rendement, l'horizon d'investissement ou encore

5. Sondage « Les Français et la finance responsable », Ifop pour le FIR et Vigeo Eiris, septembre 2020.

la fiscalité associée à ces différents produits. Dans le doute, mieux vaut se rapprocher de son conseiller financier…

ISR, pour « investissements sincèrement responsables » ?

« S » : cette lettre prête à confusion. Elle désigne les investissements dits « socialement » responsables mais un doute demeure sur la sincérité des acteurs. Le fait de ne pas être labellisés ISR n'empêche pas beaucoup de fonds de se présenter quand même comme « ISR » (sans le logo – ni les obligations – du label) ! Novethic dénombrait fin 2019 quelque 700 fonds se prétendant ISR, parmi lesquels certains n'avaient pas obtenu le précieux sésame… La Banque de France le confirme : à la fin septembre 2019, 175 fonds de droit français comportaient le sigle ISR dans leur libellé, alors que 49 d'entre eux seulement étaient effectivement labellisés ! Si l'on élargit l'analyse à tous les termes en lien avec l'ISR (durable, responsable, éthique, social, transition, climat, etc.), le nombre de fonds français utilisant l'une de ces références dans leur appellation s'élevait à 537, dont seulement 95 étaient labellisés (soit 18 %). « ISR n'est pas une appellation contrôlée ! Il n'y a pas de définition légale de ce qui a juridiquement le droit de se dire ISR ou pas », regrette Anne-Catherine Husson-Traore, directrice générale de Novethic.

Un exemple : certains fonds dénommés ISR se contentent de reproduire l'indice CAC 40 de la Bourse de Paris, qui n'est pourtant pas particulièrement vert ou responsable. Par quel miracle ces fonds peuvent-ils se prétendre ISR ? Tout simplement en profitant de la comparaison avec d'autres indices européens dont la note ISR est inférieure à celle du CAC 40. Les fonds adossés au CAC 40 bénéficient donc mécaniquement d'une note ISR comparativement avantageuse, dont ils peuvent se vanter. « Ce simple état de fait a permis à certains fonds de dire qu'ils respectent leurs engagements d'investissement responsable », constate Aurélie Fardeau, spécialiste des questions patrimoniales. « C'est le cas par exemple d'un fonds d'actions destiné au grand public qui a obtenu le label alors que, sur certaines périodes, ses choix d'investissement ont collé aux seules variations du CAC 40. » Au bilan, les labels garantissent-ils toujours la sincérité des acteurs responsables ? Des améliorations restent possibles : pour limiter les risques de *greenwashing*, il faudra par exemple davantage d'exigence vis-à-vis des indices ou à défaut vis-à-vis des gestions encore trop corrélées aux indices. De premières avancées apparaissent : depuis octobre 2020, le label ISR intègre davantage l'impact réel des fonds et des placements (et des sociétés détenues dans les portefeuilles d'actifs) sur l'environnement et la société. Un tout premier pas dont l'efficacité devra être mesurée…

Même les organismes certifiés de labelliser les produits font parfois preuve de diligence. La définition qu'ils donnent de l'ISR ou l'ESG est parfois floue et laisse le champ libre à toutes les interprétations. Ainsi, pour Novethic, l'intégration ESG « consiste à prendre en compte dans la gestion classique quelques critères environnementaux, sociaux et de gouvernance clés, et à les mettre à la disposition de l'ensemble des équipes de gestion afin de favoriser la prise en compte de l'ESG directement au cœur des paramètres d'analyse financière et dans la construction des portefeuilles ». Une définition qui reste souple et sujette à tous types d'interprétations.

Cette confusion est néfaste à la démocratisation des investissements ISR. Malgré la bonne volonté des autorités, leur faible pénétration auprès du grand public saute aux yeux : des efforts de pédagogie et de promotion restent à mener pour accroître la diffusion de ces produits auprès des épargnants. Fin 2019 et malgré leur forte croissance, les fonds labellisés représentaient à peine près de 7 % de la gestion collective française[6]... Gilles Petit est journaliste financier : pour lui, depuis un peu plus de vingt ans d'existence, « l'ISR reste ainsi nimbé d'un brouillard lexical qui ne fait rien pour sa notoriété auprès des épargnants français. La finance durable, à l'image de la science physique, semble à la recherche d'une théorie unifiée qui n'existe peut-être pas... »

Dernier chantier majeur et indispensable : il faudra harmoniser un jour entre les différents pays la classification des actifs verts d'un côté et bruns (polluants) de l'autre, dans le but de parler le même langage. Par exemple, le nucléaire est une énergie propre vu de France, mais pas vu d'Allemagne ! Il est donc temps de dépasser la fragmentation des cadres réglementaires pour arriver à une vision d'ensemble. L'Europe travaille à homogénéiser les critères des labels présents dans chaque pays, au risque de devoir les réduire au plus petit dénominateur commun ?

6. OPC français et étrangers gérés en France, hors titrisation.

L'AMF s'attaque au *greenwashing*

Selon la veille publicitaire de l'Autorité des marchés financiers, « au second semestre 2019, *23 % des publicités* sur les produits financiers mettaient en avant la thématique finance durable, soit dans leur principal slogan publicitaire, soit dans le nom du fonds ou leur documentation commerciale ». Or le grand public est plus sensible aux techniques publicitaires et de marketing agressif...

Pour limiter le *greenwashing*, l'AMF impose donc de nouvelles règles. Les fonds dont la communication repose essentiellement sur l'extra-financier doivent désormais respecter les *critères suivants* :

- Au moins *90 % des émetteurs* dans le fonds doivent avoir fait l'objet d'une *analyse extra-financière* ;
- mention d'objectifs *mesurables* ;
- prendre un engagement *significatif*.

Cependant, ces nouvelles règles ne font pas consensus : elles concurrencent celles des labels, tout en étant moins exigeantes. Par exemple : l'AMF ne se prononcera pas sur la qualité des données extra-financières mises en avant par les gérants...

Le label Greenfin

Les investisseurs soucieux d'investir pour la protection de l'environnement peuvent choisir cet autre label, complémentaire. Il offre une garantie supplémentaire d'efficacité : son champ d'action est plus limité que celui de l'ISR. Le label Greenfin pratique en effet l'exclusion : il a la particularité d'exclure les fonds qui investissent dans des entreprises opérant dans le secteur nucléaire et les énergies fossiles.

Des exclusions partielles visent également les sociétés de distribution, transport et production d'équipements et de services dans la mesure où plus de 33 % de leur chiffre d'affaires est réalisé auprès de clients des secteurs nucléaire et fossile.

Le label Greenfin est donc plus exigeant que le label ISR : l'épargnant sait plus précisément ce que finance son argent et voit l'utilité sociale de ses investissements renforcée. Certains fonds éligibles au label ISR (bien que constitués d'actifs polluants) ne peuvent prétendre au label Greenfin[7]. Grâce à la variété des labels, les épargnants peuvent donc choisir d'investir en connaissance de cause ! Ils sont donc de plus en plus nombreux à y investir : la collecte explose, les fonds labellisés Greenfin ont vu en 2019 leurs encours quadrupler pour monter jusqu'à 6 milliards d'euros[8]. Trois organismes sont responsables de la labellisation Greenfin : Novethic, EY France et Afnor Certification. Les investisseurs qui veulent aller encore plus loin s'intéresseront aux systèmes de notation comme celui de Climetrics, qui offrent une reconnaissance supplémentaire et encore plus discriminante. Soutenu par ISS-Climate, Climetrics s'appuie sur CDP, l'organisme qui collecte le plus de données environnementales sur les entreprises. Son système de notation offre aux investisseurs une méthodologie elle aussi transparente et *publique*. Le rating présenté

7. Ce fut le cas par exemple de certains fonds de Pictet ou DNCA éligibles au label ISR et non au label Greenfin. Ce fut aussi le cas du fonds de BNP AM dédié à l'économie circulaire ou encore du fonds Objectif Environnement du Crédit mutuel AM. Les exemples sont, en réalité, très nombreux.

8. Le label Greenfin progressait encore en 2020, avec une hausse des encours de +33 % au premier semestre 2020.

sur une échelle de 1 à 5 feuilles, est basé sur une analyse à 3 niveaux : les inventaires détaillés des fonds, la politique d'investissement des fonds et la gouvernance environnementale des gérants. Un score de 4 ou 5 feuilles permet d'identifier un fonds investissant dans des entreprises qui sont en moyenne moins émettrices de gaz à effet de serre, plus susceptibles d'utiliser des technologies « propres » et développant une stratégie de gestion à long terme des risques de changement climatique et de déforestation.

Le label Finansol

En matière d'engagements, Finansol est le plus impliquant des labels : les fonds sélectionnés doivent faire preuve d'altruisme sociétal et environnemental en versant une partie des bénéfices ou du rendement à des acteurs dans le besoin. Le label garantit le financement de projets sociaux ou environnementaux par le biais de l'argent placé ou par le biais des revenus de cette épargne. Dans le premier cas, la collecte des placements est investie directement vers le financement de projets solidaires : elle sert à financer l'accès des jeunes à l'emploi et au logement, le soutien aux exploitants agricoles, le soutien à la création d'entreprises dans les pays en voie de développement...

Dans le second cas, au moins 25 % des intérêts des placements labellisés Finansol sont versés régulièrement à des associations sous forme de dons par exemple : l'épargnant accepte donc de rogner une partie de la rentabilité financière de son investissement au profit des causes environnementales et sociales !

Créé en 1997, Finansol est le label pionnier de la finance solidaire. Le comité d'attribution du label est composé de femmes et d'hommes issus de la société civile. Leurs origines professionnelles sont diverses : universitaires, experts financiers, syndicalistes, journalistes, chercheurs, employés de banques... À ce jour, près de 150 placements ont été labellisés par Finansol : des livrets d'épargne aux contrats d'assurance vie, comptes à terme, fonds (SICAV, FCPR, FCP), fonds d'épargne salariale...

Et le succès est au rendez-vous ! L'épargne solidaire remporte l'adhésion des Français et tend à prouver son potentiel de réponse face aux enjeux écologiques et de solidarité, révélés dans le contexte actuel de la crise du coronavirus. En 2019 déjà, 810 000 nouvelles souscriptions d'un placement solidaire avaient été enregistrées, le double de 2018 : cela représente en un an quelque 3 milliards d'euros supplémentaires investis sur des placements solidaires pour un encours total de 15,6 milliards d'euros (+24 % sur un an). Cette collecte massive a permis en 2019 de verser 4,3 millions d'euros de dons à des associations. Au total, elle a permis de créer ou consolider 42 000 emplois, de reloger 1 360 personnes, d'approvisionner en électricité renouvelable 25 155 foyers, et de soutenir près de 66 acteurs du développement économique dans les pays en développement.

Les clés pour devenir épargnant solidaire

- **Souscrire un fonds solidaire dans le cadre d'un PEE ou un PER.**
- **Souscrire au capital d'une entreprise solidaire.**
- **Souscrire un placement solidaire auprès d'une mutuelle d'assurance ou d'une banque.**

Mieux noter les fonds

Bien sûr, tous les placements labellisés ne se valent pas : certains sont plus engagés que d'autres et pourtant cela n'apparaît pas. À terme, l'idéal serait donc d'attribuer une note à chaque fonds commercialisé afin de reconnaître la gradation des engagements : il serait utile de créer une note environnementale, une autre sociétale, et une note « responsable » globale. Ainsi, pourquoi ne pas attribuer cinq étoiles aux fonds les plus engagés et une seule voire aucune aux moins engagés ? Comparé aux labels, un tel système permettrait d'informer plus finement les épargnants et le grand public quant à l'engagement des fonds et des entreprises dans lesquelles les distributeurs leur proposent d'investir.

Ce système d'étoiles permettrait probablement aussi d'orienter les flux d'investissement plus finement : le succès des notations à étoiles de Morningstar, basées sur la performance financière, dicte déjà une part importante des flux vers les fonds d'investissement. Dommage qu'un système de notation équivalent (mais basé sur les critères responsables !) n'ait pas encore vu le jour !

Les choses avancent quand même : Morningstar a racheté la société Sustainalytics et peut désormais renforcer son analyse des fonds « responsables » ; Quantalys a également lancé un système de classification extra-financière des fonds, à même d'aider les professionnels et les particuliers à choisir plus librement et finement qu'avec les seuls labels les produits dans lesquels ils investiront.

Mais gare aux « faux amis » : si elles voient le jour, les notations des fonds devront être indépendantes ! Elles devront aussi tenir compte des convictions fortes des sociétés présentes dans les portefeuilles et pas seulement de leurs performances statistiques. Le scandale Wirecard l'a brutalement rappelé au printemps 2020 : le spécialiste des paiements en ligne a notifié dans ses comptes deux milliards d'euros de trésorerie qui en réalité n'existaient pas... La divulgation des vrais chiffres a fini par entraîner une chute vertigineuse du titre en Bourse sans que personne ait pu l'anticiper : la notation de Wirecard était jusqu'alors bonne ! Cette affaire est donc un rappel à l'humilité pour tous les acteurs des notations et de la finance responsable : pour l'agence extra-financière MSCI, Wirecard était dans la moyenne. La note ESG avait même été remontée en janvier 2018 ! Pour Sustainalytics, la note de controverse n'envoyait pas de signal alarmant non plus...

Enfin, il faudra aussi souhaiter que les notations des fonds n'obéissent pas à des intérêts étrangers. La plupart des grands acteurs étant américains, il faut en effet craindre une mainmise anglo-saxonne sur un terrain (la certification des placements « responsables ») dont dépendra de plus en plus le financement des entreprises. À terme, les notations pourraient donc devenir aussi un enjeu supplémentaire de souveraineté économique ! Récemment, le rachat du français Vigeo Eiris (spécialiste des notations d'entreprises) par l'Américain Moody's a déjà alerté les Européens...

Trop d'offres « tue » l'offre !

Malgré le boom des produits « responsables », ils restent encore marginaux dans le quotidien des épargnants. 91 % des Français déclarent n'avoir jamais investi dans un fonds socialement responsable[9]. « Si la volonté des épargnants français est bien réelle, ils ont toutefois encore besoin de repères pour détecter les offres de fonds durables », expliquent les experts de Novethic. Comment les y aider alors que les labels existent déjà ? « Les Français montrent un intérêt tout particulier pour les fonds thématiques, dont la promesse est à la fois plus simple à comprendre pour l'épargnant et plus facile à vendre pour le distributeur. » Ces fonds thématiques sélectionnent en effet des entreprises liées à un thème social ou environnemental très ciblé et annoncé, permettant aux souscripteurs de faire le tri et de choisir eux-mêmes les causes qu'ils financent : tel fonds commercialisé investira dans la santé (en n'incluant que des acteurs de la recherche médicale), tel autre sera spécialisé sur l'eau (et composé de sociétés spécialisées dans le traitement de l'eau par exemple), tel autre dans l'éducation, tel autre dans l'accompagnement du vieillissement (avec des acteurs des maisons de retraite ou de l'accompagnement), etc. Ces fonds-là cartonnent et semblent indiquer la voie à suivre pour attirer davantage les Français vers les placements responsables. « À eux seuls, les fonds thématiques représentent un quart de l'offre durable, mais affichent un taux de collecte de 44 %, largement supérieur à celui de l'ensemble des fonds durables (28 %) », constate Novethic.

À travers ces fonds, les épargnants apprécient de savoir quelle cause précise ils financent ! Les fonds thématiques sociaux ont aussi connu une belle percée en 2019 et 2020, sur des sujets différents allant de l'égalité femmes-hommes

9. Sondage « Les Français et la finance responsable », Ifop pour le FIR et Vigeo Eiris, septembre 2020.

à l'éducation, l'insertion des personnes handicapées, etc. « Après s'être plus focalisées sur le climat, les sociétés de gestion semblent également vouloir proposer aux Français d'investir dans l'aspect social de la transition écologique. »

Quels investissements « responsables » privilégier ?

- Les entreprises affichant les meilleures notes sociales affichent aussi la meilleure performance boursière sur neuf ans : une hausse moyenne de 189,7 %. Juste derrière, les sociétés les mieux notées en matière de gouvernance ont gagné 147,4 %. Finalement, celles qui affichent les meilleures notes environnementales arrivent assez loin derrière avec une performance boursière de +132,7 % !
- En revanche, les entreprises les moins bien notées en matière de gouvernance sont celles qui génèrent le moins de performances (73,5 %).
- « Se tenir à l'écart des entreprises dotées d'une gouvernance médiocre semble toujours être une bonne décision de gestion », estiment les auteurs de l'étude.

Source : étude de La Financière de l'Échiquier.

Pour attirer bien davantage les épargnants et les investisseurs, la part de ces fonds thématiques devra donc croître. Si un quart (seulement) des fonds labellisés ISR sont des fonds thématiques, d'autres caractérisent autrement leurs objectifs : quelques dizaines d'entre eux (labellisés aussi) suivent par exemple un objectif de développement durable (ODD), notamment l'ODD 3 (bonne santé et bien-être) ou l'ODD 13 (lutte contre le changement climatique).

Cinquante nuances de vert

Au bilan, il n'y a pas de définition universelle des placements durables ou verts. Chaque produit, chaque fonds intègre les critères ESG de façon très différente. C'est pourquoi il est essentiel de bien regarder quelles sont les règles d'investissement, même si elles restent parfois vagues, voire trompeuses. Les fonds labellisés ISR peuvent inclure des sociétés polluantes (vous trouverez parfois des producteurs de pétrole), alors que les fonds Greenfin excluent d'office celles liées de trop près aux énergies fossiles par exemple.

Qui a raison, laquelle de ces deux stratégies d'investissement doit être privilégiée ? Au premier regard, exclure un titre comme Total des fonds dits « responsables » semblera cohérent : Total est encore l'un des plus gros pollueurs de la planète. Mais Total compte aussi parmi les meilleurs élèves en matière d'emploi, d'intégration et de promotion interne. Total investit aussi des sommes records pour verdir son activité et de moins en moins dépendre du pétrole. Le groupe a décidé d'investir 10 % de sa recherche dans les solutions de captage, stockage et valorisation de CO_2. Il s'engage aussi à réduire son intensité carbone de 15 % entre 2015 et 2030, une intensité déjà réduite de 5 % entre 2015 et 2018 ! Et l'activité du groupe repose de plus en plus sur les gaz naturels liquéfiés, et la production d'électricité renouvelable. L'inclure dans les portefeuilles responsables (ce qu'autorise le label ISR) est donc aussi une façon d'identifier les efforts accomplis, de les faire connaître et de les encourager ! Et pourtant, malgré des efforts parfois réels, tout producteur d'énergies fossiles restera par définition excommunié des portefeuilles d'investissement labellisés Greenfin, qui excluent toujours les secteurs intrinsèquement les plus polluants. L'exemple de Total illustre (parmi tant d'autres !) les débats qui tiraillent les acteurs de l'investissement socialement responsable, et nourrit la variété des stratégies possibles !

Laquelle les épargnants « responsables » (en quête de placements efficaces pour l'environnement et sur les questions sociales) doivent-ils privilégier ? Faut-il toujours inclure les bras ouverts toutes les sociétés les plus polluantes sous prétexte qu'elles feraient des efforts malgré tout ? N'est-ce pas introduire le ver dans le fruit ? Les stratégies inclusives (celle du label ISR) se basent-elles sur la conviction que la transition énergétique devra se faire avec les énergéticiens et qu'il convient donc de rester investi pour engager un dialogue afin de pousser ces entreprises à s'engager sur une réelle stratégie de décarbonation. L'idée est qu'exclure ne serait pas efficace. Il faudrait donc rester au capital des groupes polluants pour garder un siège à la table des discussions stratégiques. D'autant que la transition énergétique est forcément une question de temps, prend du temps, et que la décarbonation de secteurs comme l'aérien ou le transport maritime ne pourra se faire sans l'innovation des principaux acteurs.

Mais l'obtention d'un label pousse-t-elle vraiment les grands groupes à accélérer leur transition ? Les fonds responsables, lorsqu'ils intègrent une entreprise dans leur portefeuille ISR, en deviennent automatiquement actionnaires ; ils y obtiennent alors un pouvoir d'influence proportionnel au montant de leur investissement. « Les investisseurs jouent donc un grand rôle pour pousser les acteurs à se poser les bonnes questions sur la transition de leur modèle », se réjouit Alix Chosson, spécialiste des investissements ISR. « Les résolutions actionnariales ont été un puissant levier dans certaines décisions stratégiques comme l'arrêt de projets d'exploration en Arctique, la sortie des sables bitumineux canadiens, et plus récemment l'engagement de Shell, suivi de Total, BP et Repsol, à décarboner non seulement leurs opérations, mais aussi leur mix d'activités. Shell a ainsi été le premier groupe pétrolier à s'engager [...] à réduire l'intensité carbone de chaque unité d'énergie vendue de 20 % d'ici 2035 et de 50 % d'ici 2050. Une ambition intégrée jusque dans la rémunération du président de Shell et soutenue par une enveloppe de 2 milliards de dollars par an investie dans les énergies alternatives (bio carburant, solaire, éolien, distribution d'électricité, recharge de véhicules électriques, captage et stockage du carbone[10]. » Un changement progressif de *business model* qu'il serait impossible de conduire sans l'aval des investisseurs.

Les fonds « responsables » accompagnent donc leur investissement dans les entreprises par le vote actionnarial et l'engagement. Toute société de gestion investie dans une entreprise en est actionnaire et acquiert par conséquent des droits de vote en assemblée générale lui permettant d'influencer la stratégie menée. La politique de vote en AG doit être empreinte de conviction, et entraîner l'opposition à certaines résolutions mauvaises pour l'environnement ou la société. Cette politique d'engagement se traduit aussi par un dialogue proactif en amont des assemblées générales et tout au long de l'année pour encourager les entreprises

10. Alix Chosson, propos extraits du magazine *ID*, 2020.

dans lesquelles l'argent est investi à adopter de meilleures pratiques environnementales.

Exclure les groupes polluants est-il fructueux ?

L'exclusion, elle, part du principe qu'on ne parviendra à accélérer la transition qu'en réallouant d'ores et déjà 100 % des flux de capitaux aux énergies bas-carbone. Cette approche plus radicale a d'abord été initiée par des acteurs très engagés : fondations, universités, villes... Depuis, elle a pris du poids : le fonds souverain de Norvège, construit lui-même sur la rente pétrolière, a décidé d'exclure de son portefeuille plusieurs grands groupes miniers ! Il revient donc à l'épargnant de décider laquelle des deux démarches (celle qui inclut – le label ISR – ou celle qui exclut – le label Greenfin –) lui semble la meilleure selon ses convictions personnelles et sa sensibilité.

L'approche par exclusion peut constituer la seule option quand les risques sont jugés trop élevés, en particulier quand les émetteurs ne s'inscrivent pas dans une démarche d'amélioration. Mais elle peut aussi constituer une réponse simpliste face à des problématiques très complexes. En effet, certains émetteurs jugés « gris » (en transition) aujourd'hui seront peut-être pour certains les premiers vecteurs de la transition de demain. Un géant comme Total, même en ne consacrant que 2 % de son chiffre d'affaires aux énergies vertes, pèsera en réalité bien plus dans la transition énergétique globale qu'un petit acteur qui y consacrerait, lui, toute son activité. Il faut donc sans doute encourager tout le monde. Nous ne pourrons probablement pas gérer les enjeux de la transition climatique uniquement en excluant, même si dans certains cas spécifiques cette stratégie peut s'avérer utile. Philippe Zaouati est l'un des pionniers de la finance durable en France et le directeur général de Mirova : « On aura aussi du mal à trouver des activités, des entreprises qui cochent toutes les cases : il est quasiment impossible d'en trouver qui assurent à la fois la décarbonation, la préservation des sols et des ressources sur les lieux de production, les circuits courts et le respect de conditions de travail optimales. » Les placements « responsables » accroîtront leur impact s'ils parviennent à associer une forte exigence vis-à-vis des entreprises et une bonne compréhension de leurs contraintes.

Quelques entreprises exclues des fonds « responsables » à début 2020

- Ryanair : exclue du fonds Happy@Work de Sycomore AM.
- Bayer-Monsanto et Total : exclues du fonds Eco Solutions de Sycomore AM.
- Intertrust (leader mondial néerlandais de l'optimisation fiscale) et British American Tobacco exclues du fonds Shared Growth de Sycomore AM.

Une part de *greenwashing* aussi ?

La perfection n'est pas de ce monde, l'explosion des investissements verts n'est pas encore suffisante pour empêcher une poursuite de la dégradation du climat. Malgré le boom des placements « responsables », l'investissement dans le charbon, par exemple, avait encore augmenté de 2 % en 2018 ! Et existe-t-il des preuves que ce que financent les placements verts n'aurait pas vu le jour sans eux ?

Une autre limite apparaît : si la plupart des entreprises cotées tentent d'agir contre le réchauffement climatique, peu tentent de restaurer les milieux naturels. La concentration des objectifs sur la lutte contre le réchauffement n'entraîne-t-elle pas l'abandon d'autres enjeux environnementaux ou sociaux tout aussi capitaux ? La biodiversité est en effet le parent pauvre de la gestion durable par rapport au changement climatique ! Les acteurs de la finance en prennent conscience, mais les instruments d'action manquent toujours : s'il est facile de mesurer les émissions de CO_2 des entreprises, mesurer objectivement et quantitativement leur impact sur les espaces naturels l'est beaucoup moins. Pour la première fois en 2020, trente investisseurs représentant plus de 6 000 milliards d'euros d'actifs ont appelé au développement d'indicateurs dédiés[11] : l'objectif est d'aboutir à une méthode d'agrégation des données d'impact en matière de déforestation, pollution des sols, des eaux, d'utilisation de pesticides, de fragmentation des milieux naturels. Mais le défi est immense : agréger au sein d'un seul indicateur toutes les problématiques de la biodiversité prendra probablement du temps… Et lorsque les entreprises cotées tentent d'agir pour la biodiversité, elles s'en tiennent souvent à limiter les dégradations et à favoriser la préservation des espèces existantes ! Très peu ambitionnent

11. Bastien BOUCHAUD, « De grands investisseurs appellent à une meilleure prise en compte de la biodiversité », *Les Échos*, 27 mai 2020.

de restaurer les espaces, ou de participer à la réintroduction des espèces…

À multiplier les promesses, la finance prend donc aussi quelques risques et pourrait se voir reprocher de ne jamais agir assez. L'opinion publique ne se satisfait plus de belles paroles et le *greenwashing* paie de moins en moins. À peine BlackRock prétendait-il s'intéresser aux risques climatiques que les ONG lui tapaient sur les doigts, en raison du grand nombre de résolutions « climat » que le gestionnaire a rejeté lors des assemblées d'actionnaires. De même, la plupart des banques promettent de ne plus investir dans le secteur du charbon en 2040 : un effort réel, mais une partie des citoyens trouve l'échéance encore lointaine. La finance durable doit affronter l'impatience de nos concitoyens, combler les urgences sur le terrain, et résoudre des enjeux aussi multiples que complexes.

Un palmarès des entreprises responsables

« ESG 80 » : c'est le nom du nouvel indice boursier lancé par l'opérateur boursier pan-européen Euronext en 2020. Un indice « bas carbone », composé des 80 sociétés les plus performantes en matière environnementale et sociale. « ESG 80 est un indice très fort en "E" (Environnement), très fort en "S" (Social) et très fort en "G" (Gouvernance) », a promis Nicolas Rivard, le responsable des activités *data* et indices chez Euronext.

Pour former son indice, Euronext s'est basé sur les 300 plus grandes capitalisations de la zone euro. Puis il a appliqué un filtre strict en excluant 20 % des sociétés les moins performantes socialement, 20 % des sociétés les moins performantes en matière de gouvernance ainsi que toutes les

sociétés visées par des polémiques ou impliquées dans le charbon, le tabac et certaines armes controversées.
Mais pour les défenseurs de l'environnement, cela reste insuffisant : cet indice se contente d'exclure les pires pratiques au lieu de n'inclure que les meilleures. Vinci est par exemple présent dans l'indice malgré la bétonisation des sols et la construction de gazoducs en Europe ou même d'oléoducs. Euronext justifie sa présence par la nécessité d'inclure les meilleurs acteurs de chaque secteur, afin de les encourager à poursuivre leurs efforts.
Quelques autres valeurs présentes dans l'ESG 80 : Air Liquide, Danone, Heineken, Nokia, Kering, Deutsche Telekom, etc.

Docteur Jekyll et Mister Hyde

Enfin, un ultime risque transparaît : les placements verts vont parfois à l'encontre des objectifs sociaux et sociétaux recherchés. Sur le plan environnemental par exemple, la déforestation liée à la plantation à grande échelle de palmiers pour la culture d'huile de palme a certes détruit d'immenses forêts primaires et écosystèmes en Malaisie ou à Sumatra, mais sur le plan social et économique, cette industrie a été une source d'emplois et de revenus importante pour ces pays ! Des écoles ont été bâties, des emplois créés et les populations locales jouissent de revenus récurrents et corrects depuis ces déforestations ; les autorités ont remplacé les taudis par des logements sociaux en dur, de meilleure qualité. Bien sûr des déséquilibres persistent entre grands et petits producteurs et les conditions de travail laissent à désirer, mais ces plantations néfastes pour l'écosystème ont été un levier de développement. Docteur Jekyll et Mister Hyde…

À l'inverse, certaines activités sont bien sûr néfastes sur tous les plans (environnemental et sociétal) bien qu'elles soient à la racine des énergies vertes. Guillaume Pitron le souligne à nouveau dans son ouvrage : « L'extraction de cobalt, indispensable à la fabrication de nombreux types de batteries lithium-ion utilisées dans les véhicules électriques s'opère dans des conditions moyenâgeuses en République démocratique du Congo. [...] Cent mille mineurs équipés de pelles et de pioches transpercent la terre pour se procurer le minerai. Compte tenu de l'incapacité de l'État à réguler les activités minières, les cas de pollution des fleuves alentour et de détraquement des écosystèmes sont légion. Selon des études réalisées par des médecins congolais, les concentrations de cobalt dans les urines de populations riveraines des mines de la ville de Lubumbashi, dans la province de Katanga, seraient jusqu'à 43 fois supérieures à un échantillon témoin[12]. » Aussi imparfaits soient-ils, les placements responsables apporteront un premier rempart malgré tout utile à un monde encore saigné à blanc, brutalisé par des pratiques parfois non régulées...

12. Guillaume Pitron, *La guerre des métaux rares*, *op. cit.*

5

La Bourse est-elle vraiment (f)utile ?

« C'est avec les vaches sacrées qu'on fait les meilleurs hamburgers. »

Mark Twain

La Bourse offre aux épargnants l'un des supports les plus accessibles pour à la fois donner du sens à leur épargne et espérer gagner de l'argent dans la durée. Investir en Bourse en privilégiant une approche « responsable » permet de détecter des secteurs et des entreprises d'avenir. En matière de performance, la majorité des fonds ISR (et Greenfin) cotés ont révélé leur capacité à offrir un couple rendement-risque attractif[1]. Selon l'indicateur Novethic, les fonds durables en actions affichaient en 2019 une performance de +28 %, supérieure à celle du CAC 40 (+26 %).

1. Voir chapitre 4.

La première vague de Covid-19 en mars 2020 a aussi montré la résilience des portefeuilles « responsables » : ils ont à nouveau mieux résisté que les autres à l'effondrement des marchés boursiers ! Alors que les marchés chutaient en mars 2020, les produits respectueux de l'environnement et respectant les critères sociaux des labels ont su résister. Selon une étude BlackRock, la surperformance flirte parfois avec les 10 points alors que le CAC 40 sur la période a perdu plus de 20 % : un amortisseur appréciable. La surperformance des fonds labellisés ou respectant les critères ESG s'explique par la fidélité plus forte des consommateurs à ces entreprises, qui peuvent donc s'appuyer sur une demande plus robuste et plus stable malgré les aléas. De même, pour passer sous les fourches caudines des labels, une entreprise se doit d'être tournée vers le monde de demain : elle doit privilégier les énergies dites « propres », offrir une gouvernance équilibrée, et donc apporter les gages d'une gestion plus efficace. La résilience en Bourse des sociétés « responsables » est donc logique ! Riches des thématiques montantes, respectueuses des nouvelles normes environnementales et sociales (amenées à se durcir encore), les entreprises les plus vertueuses offrent un abri aux investisseurs et limitent leur prise de risque même en cas de tempête boursière…

À l'inverse, la Bourse sanctionne les mauvais élèves ! Le secteur « énergétique » est descendu ces dernières années à ses niveaux de valorisation les plus bas depuis Pearl Harbor ! Les sociétés confrontées à des polémiques (environnementales, sociétales) affichent en moyenne une performance de 12 % inférieure au reste du marché, pendant les deux ans qui suivent le déclenchement de la controverse[2] ; elles « sous-performent » également leur indice sectoriel régional de 4 % pendant au moins deux ou trois ans ! Toute polémique liée aux sujets environnementaux, sociaux ou de gouvernance (ESG) peut donc coûter cher en Bourse à l'investisseur. Le Dieselgate fut l'exemple le plus douloureux : en septembre 2015, à partir du moment où Volkswagen a reconnu avoir triché sur les émissions polluantes de ses véhicules, son cours en Bourse a dévissé de 40 % en trois semaines ! Pendant cette période, l'indice sectoriel européen (Stoxx Europe 600 Automobiles) avait certes lui aussi baissé, mais seulement de 14 %. Une sous-performance durable : Volkswagen a dû attendre fin 2017 pour voir son cours revenir à son niveau de septembre 2015[3]... Le Dieselgate est l'une des nombreuses sanctions boursières frappant les sociétés éloignées des stratégies ISR : Bayer-Monsanto, Arcelor-Mittal et plus récemment Boeing ont également affronté les affres des investisseurs. Boeing a vu ses bénéfices s'effondrer après le scandale de son avion B737 Max : l'arrêt de sa commercialisation (dû à des défauts de fabrication, eux-mêmes consécutifs à une gouvernance à la dérive) a entraîné en 2019 la première perte nette du constructeur américain en vingt-deux ans[4]. Une désillusion aussi pour tous ceux qui avaient investi en Bourse dans les

2. Étude Société générale, avec Sustainalytics.

3. Voir l'article de Sophie Rolland, « Responsabilité sociale et environnementale : les mauvais élèves sanctionnés en Bourse », *Les Échos*, 3 février 2020.

4. Boeing a enregistré en 2019 une perte nette annuelle de 636 millions de dollars.

titres Boeing. Plus récemment encore, le scandale Wirecard a bousculé les marchés et coûté très cher à des milliers d'investisseurs : la société de paiements en ligne allemande, soudain soupçonnée d'avoir fraudé quelque 1,9 milliard d'euros, a vu sa valeur en Bourse chuter de plus de 90 % en à peine une semaine en juin 2020 ! Les soupçons de fraude géante ont en effet fait fuir les clients et poussé Wirecard à brutalement déposer le bilan. Ces sociétés controversées, à mille lieues des attentes d'un nombre croissant d'investisseurs, paient leurs erreurs cash de nos jours : les défauts de responsabilité sont sources de pertes majeures et de moins-values durables en Bourse !

Après de tels scandales et face au durcissement des normes environnementales, sociales et financières, investir dans les sociétés qui maîtrisent leur impact environnemental, social et leur gouvernance est désormais plus porteur : tous les investisseurs savent bien qu'elles bénéficieront d'un avantage comparatif accru (et d'une prime de confiance) dans les prochaines années. Ainsi, les malheurs de Wirecard ont directement profité à son concurrent français Worldline dont le cours de l'action s'est trouvé propulsé mi-2020 vers des plus hauts historiques ! À l'inverse, les sociétés qui choisissent d'ignorer les réglementations financières ou de tourner le dos aux nouvelles normes environnementales et sociales risqueront encore longtemps des amendes (et des amendes de plus en plus lourdes) et s'exposeront à des controverses susceptibles de détruire durablement leur réputation et leur attractivité : de quoi faire fuir les investisseurs avisés…

De plus en plus d'investisseurs redoublent déjà de prudence, ce qui impacte la valorisation des groupes les plus controversés. Aramco, géant saoudien du pétrole, est tombé de haut en n'étant valorisé qu'environ 1 700 milliards de dollars pour son introduction en Bourse : un montant largement inférieur aux 2 000 milliards de dollars attendus par la monarchie saoudienne, finalement contrainte de revoir ses ambitions à la baisse. Le scepticisme des milieux financiers face à un géant pétrolier jugé peu sensible aux enjeux environnementaux a finalement eu raison des ambitions initiales et a fini par réduire le nombre d'investisseurs prêts à acheter les nouveaux titres émis sur le marché. Pour la première fois, les rois du pétrole ont ici trébuché sur les critères d'investissement durables.

Du coup, de plus en plus d'analystes recommandent d'investir ISR en Bourse. « La prise en compte des critères extra-financiers ne détruit pas de valeur. Au contraire ! », expliquent les experts d'OFI AM, une des sociétés de gestion les plus influentes à Paris. La Deutsche Bank est encore plus enthousiaste : en suivant les 2 250 études académiques publiées sur le sujet pendant quatre décennies, elle conclut que les critères ESG contribuent de manière positive à la performance financière des entreprises dans 62,6 % des cas. De quoi rassurer une majorité d'investisseurs… et de défenseurs de la planète ?

Les « Géants verts » de la Bourse

(Performances boursières des acteurs des énergies renouvelables sur les 9 premiers mois 2020)

- **VestasWind Systems (société danoise, premier fabricant mondial d'éoliennes) : + 44,8 %.**

- **Kingspan (société irlandaise, leader mondial de solutions d'isolation et de bâtiments durables) : + 39,6 %.**
- **NexteraEnergy (société américaine, au portefeuille énergétique diversifié) : +17,4 %.**

En Bourse, l'eau sort du lot !

Certaines thématiques « responsables » ont particulièrement le vent en poupe et apportent une sécurité financière accrue. Investir dans l'eau par exemple est à la fois vertueux et générateur de gains durables en Bourse : quelles que soient les évolutions économiques, l'accès à l'eau continuera de s'imposer dans le monde comme un enjeu croissant. L'eau constitue donc l'« or bleu » des investisseurs ! La demande et les besoins en eau résistant aux cycles économiques, les entreprises impliquées continueront de se valoriser et les investisseurs en Bourse de miser dessus pour amortir les chocs.

Jusqu'où croîtra la demande en eau ? Du simple fait du boom démographique attendu, les besoins d'accès à l'eau potable et en assainissement continueront à progresser dans les prochaines années. D'après l'Institut du Pacifique, quelque 1,8 milliard de personnes seront en stress hydrique d'ici 2030… Les besoins en eau croissent même déjà davantage que le nombre d'habitants sur Terre du fait du boom des classes moyennes, qui comptent parmi les plus gros consommateurs d'eau[5]. Avec l'urbanisation et la densification des villes, l'humanité aura aussi besoin d'une eau de

5. Les classes moyennes consomment par exemple de plus en plus de bœuf. Or, 1 kg de viande de bœuf consommée nécessite 15 000 litres d'eau !

mieux en mieux contrôlée, de meilleure qualité, et donc de stations d'épuration démultipliées.

Même le BTP et les infrastructures pourraient bénéficier en Bourse des pressions accrues sur l'eau : aux États-Unis, les spécialistes estiment qu'il faudrait investir 1 000 milliards de dollars par an, ne serait-ce que pour maintenir le réseau d'eau actuel en état… Arnaud Bisschop est associé-fondateur chez Thematics AM. Pour lui, dans ces temps de disruptions et de ruptures technologiques, l'eau est le seul actif dont les investisseurs peuvent être certains qu'il restera indispensable : « Nous investissons dans la seule véritable ressource nécessaire au maintien de la vie […]. En fait, cette ressource concerne tous les habitants de la planète, toutes les sphères de la vie, et tous les secteurs de l'économie : de la construction à l'exploitation minière, en passant par la production de semi-conducteurs et la fabrication de véhicules électriques. L'eau est la ressource la plus précieuse au monde, mais peut-être aussi la plus sous-estimée. » La France recèle de nombreux spécialistes mondiaux de l'eau, tous cotés en Bourse (Suez, Veolia…) et éligibles au PEA : une chance pour les épargnants !

Les investisseurs en Bourse préféreront en effet de plus en plus investir dans ces secteurs offrant une grande visibilité. Enfin, la crise du coronavirus et l'attention accrue portée à la santé dans tous les pays du monde valoriseront plus encore l'actif « eau » : indispensable au lavage de mains et au maintien d'un espace de vie sain, sa valeur à long terme devrait probablement encore progresser.

L'« or bleu », c'est du solide !

Les performances des fonds Eau sont positives dans la durée : en moyenne 5 % par an sur trois ans et 6,5 % par an sur cinq ans.
Parmi eux, le fonds Pictet Water (créé en 2000) est noté 5 étoiles par Quantalys. Il affiche une performance de 9 % par an sur dix ans.
Le fonds BNP Paribas Aqua Classic (créé en 2008) affiche une performance de 10 % par an sur dix ans.
Le Lyxor World Water (noté 4 étoiles chez Morningstar) affiche une performance de 11,8 % par an sur dix ans.

Investir dans la santé

La santé est sans doute amenée à devenir un actif inestimable. Les réactions de nos sociétés l'ont montré : en avril 2020, la moitié de l'humanité (quelque 3 milliards d'habitants) a accepté de se confiner et de sacrifier la croissance économique pour sauver les vies menacées par le coronavirus. Les sociétés se sont pour la première fois mises au seul et unique service de la santé, « quoi qu'il en coûte » et quelle que soit l'ampleur de la récession économique qui s'ensuivrait.

Ce soudain paradigme offre en Bourse de nouvelles promesses : les budgets consacrés à la santé devraient dans les prochaines années largement progresser partout dans le monde, afin de limiter les risques liés aux maladies. Une opportunité aussi pour les investisseurs en Bourse ? La France abrite en effet de nombreuses sociétés cotées spécialisées dans la santé et susceptibles de jouer un rôle croissant dans ce nouveau monde épris de protection des individus. Parmi eux, BioMérieux a particulièrement brillé en pleine crise du coronavirus : le titre en Bourse aura gagné plus de 60 % entre le 1er janvier et la fin du mois de septembre 2020 alors que sur la même période le CAC40 perdait 20 % ! Parmi les autres champions français de la santé, Sartorius Stedim a gagné en plein krach 62 %, Eurofins Scientific a engrangé 31 % et Sanofi est resté quasiment stable. De nombreux autres acteurs ont aussi émergé, plus ou moins durablement. Les investisseurs doivent d'ailleurs toujours veiller à diversifier leur portefeuille boursier, et ne jamais tout miser sur un seul acteur ni un seul secteur, aussi prometteur soit-il.

Une bulle verte ?

De nombreux spécialistes appellent d'ailleurs à la prudence : l'attrait des placements ISR ou ESG est tel que beaucoup y investissent par simple opportunisme et sans réelle conviction de fond. La peur de rater le « train en marche » les pousse à sauter dedans : « Ils veulent surfer sur l'effet de mode », estiment quelques rares gérants restés, eux, réticents aux thématiques ISR. Un phénomène « moutonnier » et auto-réalisateur, qui risque d'enfler les encours sur les thématiques « responsables » au-delà de leur potentiel de croissance réel. Léa Dunand-Chatellet est la directrice du pôle ISR chez DNCA : « Ce risque de bulle verte est envisageable. La principale cause est liée à un surinvestissement dans ces sociétés vertes soit en raison d'un phénomène de mode qui va pousser la demande et les prix de ces actifs vers le haut, soit en raison de la réglementation qui, en obligeant à investir sur certains actifs, mène aussi à une augmentation des prix[6]. » De toute évidence, l'avènement d'une régulation forte en faveur de certains secteurs ou de certaines thématiques risque de faire perdurer ces aberrations. « Est-ce justifié et jusqu'à quand ? La question reste malheureusement sans réponse à ce stade, mais la prudence est le maître-mot pour continuer nos investissements avec raison et discernement. » La réglementation oblige en effet les professionnels à commercialiser de plus en plus de produits labellisés, coûte que coûte : en France, la loi Pacte oblige les assureurs à proposer désormais au moins un produit ISR dans leur offre d'unités de compte ! Les acteurs de l'épargne salariale aussi doivent proposer au moins un produit solidaire, et l'article 173 contraint les gestionnaires de fonds à flécher leur empreinte carbone. Une offre verte et responsable en pleine explosion, et autant de placements supplémentaires à la disposition des épargnants. En plus, ajoute Léa Dunand-Chatellet, « les entreprises qui répondent aux critères ESG ne sont pas assez nombreuses pour contenir la demande : en conséquence, les prix de ces actifs verts augmentent et le risque est de se retrouver face à une survalorisation ». L'offre serait donc trop restreinte face à la vague d'investissements : les valorisations ne peuvent que croître.

Malgré les risques de bulle verte, beaucoup d'acteurs restent confiants. Guillaume Dard est le président de Montpensier Finance et porte une voix influente dans l'univers de l'*asset management* en France. Pour lui, « il n'y a

6. Léa DUNAND-CHATELLET, propos extraits du 4e numéro du magazine *Investir Durable*.

pas de bulle sur l'investissement socialement responsable. La finance responsable n'est pas une mode, c'est une tendance de fond car elle répond à une attente de la société, notamment chez les jeunes qui sont les investisseurs de demain. Elle se développe parce que les entreprises et les gestionnaires sont convaincus qu'ils doivent jouer un rôle dans ce changement et, en plus, c'est vrai, c'est déjà aujourd'hui un bon investissement en Bourse ». N'est-ce pas d'ailleurs la meilleure des nouvelles ? Une surcote de l'énergie verte (et une décote de l'énergie fossile) convaincra davantage encore d'entreprises d'adapter leur stratégie aux nouvelles attentes environnementales et sociales des investisseurs.

Les limites de la Bourse

Acheter des actions ISR en Bourse renforce-t-il le poids des entreprises « vertueuses » dans lesquelles vous investissez ? Pas réellement, dans la mesure où l'achat d'actions a lieu en réalité sur le marché « secondaire » : tout fonds ISR reprend donc les impacts environnementaux et sociaux existants à l'actionnaire qui lui vend ses titres. C'est un transfert de propriété et d'impact…

A l'inverse, une augmentation de capital ou levée de fonds permet de créer de nouvelles actions et donc d'agir directement sur les impacts environnementaux et sociaux des entreprises.

Les entreprises familiales, l'autre investissement durable !

Choisir en Bourse l'investissement socialement responsable, c'est donc privilégier les entreprises à impact positif, dont la stratégie s'inscrit dans le temps long. Pour les investisseurs en quête d'idées, les sociétés familiales peuvent constituer une option, car elles inscrivent leur croissance dans une stratégie de transmission et de financements de long terme. Jalouses de leur indépendance et soucieuses de préserver leur structure familiale, elles privilégient les modes de gouvernance les plus stables. Pas étonnant : le capital de ces entreprises constitue le plus souvent le principal actif de la famille actionnaire. « Cela explique la grande implication des dirigeants, ainsi qu'une gestion prudente et pérenne intégrant une vision stratégique de long terme pour les générations futures », expliquent les spécialistes de Palatine AM[7].

Cette gestion plus responsable et pérenne s'inscrit pleinement dans la vision à long terme (et anti-spéculative) que plébiscitent en Bourse les investisseurs « responsables » ! En plus, elle s'avère plus lucrative en Bourse : les performances financières des entreprises familiales font leurs preuves, ceux qui choisissent d'y investir en sortent plus souvent gagnants. Les gouvernances familiales protègent en effet des excès de la spéculation (et des crises qui lui sont associées). Plusieurs études confirment que,

7. Palatine a lancé en juin 2017 l'OPCVM Palatine Entreprises Familiales ISR, un fonds thématique sur le thème des entreprises familiales de la zone euro.

sur le long terme, les entreprises familiales obtiennent de meilleurs résultats que celles dont le capital n'est pas aux mains d'une famille : une étude du Crédit suisse en 2018 constatait qu'en douze ans, la performance boursière moyenne des entreprises familiales a été multipliée par 2,4 contre 1,5 en moyenne. Ce sont également des entreprises aux fondamentaux financiers plus solides : peu endettées, elles pratiquent plus volontiers l'autofinancement. Investir en Bourse dans des entreprises familiales semble donc cocher de nombreux critères des investisseurs « responsables » ! Pour ne rien gâcher, les entreprises familiales opèrent souvent sur des marchés de niche à fort potentiel où elles occupent des positions de leader mondial : Bonduelle, Kering, Seb sont quelques-uns des glorieux représentants français de la gestion familiale !

Le secteur d'activité de l'entreprise (et son empreinte sociale ou environnementale) conditionnera plus encore son éligibilité aux fonds labellisés.

Une dizaine de fonds investissant en priorité dans les entreprises familiales cotées sont actuellement disponibles sur le marché français. Pour mettre toutes les chances de votre côté, le mieux est sans doute de choisir un fonds de conviction affichant un historique de performance sur plusieurs années[8].

8. C'est le cas du fonds Oddo BHF Génération par exemple, sur lequel on possède plus de onze ans de recul sur les performances. Meeschaert AM propose également le fonds MAM Entreprises familiales depuis 2002.

La Tech : des valeurs en toc ?

Les géants des nouvelles technologies (Google, Apple, Facebook, Amazon, Microsoft) sont les piliers de notre avenir. La crise du coronavirus leur a donné une énième occasion d'exposer leur invulnérabilité aux nouveaux défis : pendant que la moitié de la planète se confinait en avril 2020, presque autant d'êtres humains s'étaient mis à utiliser pour la première fois quotidiennement des outils numériques pour entrer en relation. Les enfants interdits de se rendre physiquement à l'école ont suivi massivement des cours à distance, les entreprises ont recouru presque exclusivement au télétravail pour animer leurs salariés et Amazon a assuré les livraisons à domicile pendant que bien des commerces « physiques » gardaient porte close. Le numérique est devenu le *new normal* : très difficile pour l'investisseur en Bourse de bouder les protagonistes de ce secteur qui, à l'automne 2020, représentaient à eux seuls plus de 25 % de la capitalisation boursière de Wall Street ! La Tech est donc devenue incontournable pour les investisseurs en quête d'idées d'avenir, c'est elle qui a porté la majeure partie de la hausse des marchés ces dernières années.

Mais les entreprises de la Tech mériteraient-elles d'intégrer les portefeuilles des investisseurs responsables ? Répondent-elles à leurs exigences et à leurs critères d'investissement ? « Oui », selon de nombreux gérants. En effet, les sociétés liées aux technologies de l'information participent grandement aux portefeuilles ISR : celles-ci pesaient fin 2020 quelque 10 % de l'indice MSCI Europe ISR, contre à peine 7 % du MSCI Europe… Les entreprises technologiques européennes semblent donc répondre particulièrement aux critères d'éligibilité ISR. Elles contribueraient, selon les spécialistes, à hauteur de 25 % aux efforts d'amélioration de la consommation d'énergie !

Mais l'enfer est « pavé de bonnes intentions », et nul n'est dupe : les entreprises de la Tech sont loin d'être parfaites. Elles doivent encore réaliser de gros progrès en matière de promotion de carrière. Le manque de mixité des équipes et la faible rémunération des salariés affaiblissent en effet leur note ESG[9].

Plus grave encore : les sociétés de la Tech participent aussi à déstabiliser le monde et amènent avec elles des risques nouveaux et systémiques. D'abord des risques liés à la cyber-sécurité : que se passera-t-il si les réseaux numériques des banques mondiales se retrouvent simultanément piratés ? Ensuite des risques liés à la faible protection des utilisateurs et de leurs données personnelles : il a fallu la directive RGPD en Europe pour contraindre les géants numériques à davantage nous protéger. De même, la liberté d'expression dont les réseaux sociaux disent être les étendards est en réalité mise à mal : nos lectures et nos propos sur les réseaux sont tracés à des fins publicitaires ; certains régimes politiques (le Parti communiste en Chine) traquent même les propos politiques de leurs citoyens et en Europe certains employeurs viennent

9. Si l'on prend l'ensemble des trois critères ESG, la note moyenne des sociétés françaises est meilleure que celle de leurs homologues américaines, avec de beaux scores pour les sociétés Sopra Steria, Atos, Worldline ou STMicro. La note moyenne des sociétés américaines est plus faible, particulièrement celle d'Amazon, Facebook ou Alphabet. Seul Microsoft se rapproche de ses pairs européens.

espionner sur les réseaux sociaux certains candidats à l'emploi pour mieux les connaître ou les discriminer. Enfin, il est souvent reproché aux GAFAM de remplacer l'humain par la technologie. Amazon n'est-il pas régulièrement accusé de tuer les commerces physiques ?

Les doutes apparaissent donc innombrables : comment investir de façon responsable dans des valeurs technologiques cotées qui contribuent à rendre l'avenir si incertain ? Qu'est-ce que la responsabilité pour ces sociétés ? « La présence de tous ces risques rend plus que nécessaire d'investir dans les groupes de la Tech les plus responsables », reconnaît Bertille Knuckey, responsable de la recherche ESG pour Sycomore AM. Certaines sociétés ont un impact très positif pour l'environnement, « par exemple Blablacar qui mutualise les transports terrestres et réduit ainsi l'empreinte carbone des utilisateurs[10] ». De même, et malgré ses défauts, Amazon optimise l'approvisionnement de ses clients et a presque assumé des missions de service public pendant le grand confinement lié au coronavirus ! Amazon a réussi à livrer la plupart des citoyens du monde tout en respectant les mesures sanitaires strictes : aucune pénurie, le groupe a même été un fil conducteur entre les fabricants d'une part et les clients finaux qui sont les consommateurs d'autre part. Amazon a continué à répondre aux attentes malgré la baisse générale d'activité et une récession économique majeure : la satisfaction de ses clients est restée sur des niveaux très élevés. Difficile d'adopter une approche manichéenne des géants de la Tech ! De même, Alibaba en Chine est très décrié mais

10. Bertille Knuckey, extrait de l'émission *Hors-Série : La finance utile en action*, le 14 septembre 2019 sur BFM Business.

a aussi un impact humain positif : le géant n'entrebâille-t-il pas une porte pour la libre expression des Chinois ? Et ne participe-t-il pas activement au développement technologique du pays ? De même, les réseaux sociaux ont libéré l'expression des populations arabes il y a quelques années et ouvert la voie aux révolutions que l'on sait, dont les conséquences furent très différentes selon les pays. Au royaume de la Tech, difficile d'évaluer de façon définitive et générale l'impact des divers acteurs !

L'empreinte des cryptomonnaies

Elles sont l'anti-placement responsable ! D'après une étude danoise, les émissions de CO_2 du bitcoin atteignaient déjà 17,3 mégatonnes en 2018, soit à peu près les émissions du transport aérien international en France. D'autres études comparent ses émissions à celles d'un pays comme le Sri Lanka. Le minage est un immense consommateur d'énergies, mais peu d'études et de ressources permettent de quantifier très précisément l'ampleur du problème.

L'impact du minage sur l'environnement varie par exemple selon les lieux où il est effectué : la région chinoise de Mongolie-Intérieure, par exemple, émet plus que la région du Sichuan car elle utilise davantage d'énergies fossiles pour produire son électricité.

Source : étude des chercheurs de l'université d'Aalborg, citée dans « L'usine nouvelle » (28 novembre 2019).

ISR et dividendes : « Je t'aime, moi non plus ! »

Poursuivons l'exploration des placements en Bourse et mesurons sa compatibilité avec les démarches « responsables ». N'éludons aucune des questions que les investisseurs sont susceptibles de se poser ! Par exemple : les entreprises versant des dividendes élevés peuvent-elles intégrer les fonds ISR ou ESG ? De nombreux citoyens restent, il est vrai, choqués qu'autant d'argent soit distribué aux actionnaires au détriment des salariés et des travailleurs. Le monde a en effet battu un record de versements de dividendes en 2019 : 1 425 milliards de dollars ont été versés dans le monde[11], un montant qui a doublé en dix ans alors que les salaires ont au contraire peu progressé en Europe. Investir dans des sociétés aussi généreuses avec leurs actionnaires aux dépens éventuels des salariés peut-il s'inscrire sincèrement dans une démarche d'investissement « responsable » ?

Ces masses de dividendes posent en effet la question du partage du profit et alimentent la détestation par certains de l'économie de marché. L'actionnaire est perçu comme « la pire dérive du système capitaliste », alors que l'ISR doit au contraire servir à recoudre et à réconcilier. Les mauvais dividendes existent : ce sont ceux que rien ne justifie, par exemple lorsqu'une entreprise en chute libre et continue en Bourse ne réduit pas les montants distribués à ses actionnaires. Certains grands groupes vont même jusqu'à s'endetter pour financer les versements de dividendes sans

11. Calcul agrégé de la société Janus Henderson.

lesquels les actionnaires s'enfuiraient : dans un tel cas, l'entreprise finit otage de ses actionnaires et d'un système financier qui la dévore...

Mais de nombreuses entreprises font un choix inverse et choisissent de verser un dividende à due proportion. Les dividendes ont en effet aussi leur bon côté : s'ils existent, c'est d'abord grâce aux profits que les entreprises ont su générer sur la base d'un actionnariat stable et fidèle. Le dividende récompense d'ailleurs la fidélité des actionnaires qui choisissent de placer une partie de leur argent au capital de l'entreprise plutôt que chez ses concurrents. Une prise de risque permanente : si l'entreprise chute, l'actionnaire pourra perdre ses sous (et des plumes) à tout moment, son capital n'est en rien garanti. Il pourra même perdre tout l'argent investi ! Les sociétés versant des dividendes ne sont donc pas des « sans foi ni loi », mais cherchent au contraire à fidéliser et rassurer ceux qui les financent. L'argent empoché par les actionnaires, lui, ne dort pas : sitôt le dividende engrangé, beaucoup le réinvestissent dans la même société voire dans d'autres entreprises et projets, déversant les gains empochés dans l'économie. Les actionnaires aident ainsi à la fluidifier : un cercle vertueux...

Difficile donc de dire si l'investissement dans des sociétés généreuses avec leurs actionnaires peut relever d'une démarche « responsable » : tout dépendra du contexte et de la manière dont les dividendes sont versés. En l'occurrence, gare aux idées reçues : en moyenne, les dividendes ne spolient personne (contrairement à ce que clament certaines ONG) et restent en réalité très raisonnables dans le partage de la valeur ajoutée. En moyenne ils représentent environ

10 % de la valeur ajoutée des entreprises, loin derrière les salaires (70 %) et l'État (20 % à travers les taxes et impôts)[12].

Pour redevenir populaires, les dividendes pourraient se montrer plus explicitement solidaires : l'actionnaire pourrait parfois choisir de reverser son dividende à des PME en difficulté, à des associations accréditées ou à des fondations notamment dans le domaine médical. Quitte à accompagner ce choix d'un système de crédit d'impôt simple et incitatif[13]. De leur côté, les ONG proposent d'interdire par la loi la rémunération des actionnaires dès lors que celle-ci repose sur des activités néfastes pour le climat. Clément Sénéchal est chargé de campagne climat à Greenpeace France. Pour lui, « tant qu'il sera permis d'être à la fois criminel du climat et as des dividendes [...], il ne sera pas possible de faire émerger une économie décarbonée[14] ».

Le pouvoir positif des actionnaires

Encourager les particuliers à devenir eux-mêmes actionnaires serait néanmoins le meilleur moyen d'action. Les particuliers sensibles aux thématiques « responsables » pourront influencer les entreprises plus facilement en prenant part à leur capital qu'en restant en dehors ! Tout

12. Étude de l'Institut économique Molinari sur l'usage de la richesse collective créée en 2019 par les entreprises du CAC 40. La part des dividendes sur trois ans progresse tout de même de 16 %, et celle de l'État de 31 % du fait du dynamisme de l'impôt sur les sociétés.

13. Éric LE BERRIGAUD (*managing partner* chez Bryan, Garnier and Co), « Pour un dividende solidaire », *Les Échos*, 31 mars 2020.

14. Greenpeace France, « L'argent du chaos. Pour une interdiction des dividendes climaticides », mai 2020.

épargnant qui achète (en Bourse) les titres de sociétés cotées acquiert en effet des droits de vote, par lesquels il pourra à son tour infléchir les grandes orientations stratégiques de l'entreprise. Il peut aussi poser des questions écrites et orales aux dirigeants : l'assemblée générale est le rendez-vous annuel proposé à tous pour faire le point sur l'exercice écoulé et décider des orientations à venir. L'AG constitue donc une occasion de faire entendre sa voix, de poser des questions et d'échanger avec les dirigeants et administrateurs du groupe dans lequel chacun a choisi d'investir. Lorsqu'un particulier détient ne serait-ce qu'une action de l'entreprise à titre personnel, il peut participer à l'AG et voter pour ou contre la nomination des membres qui vont composer son conseil d'administration ou de surveillance, s'exprimer sur les nouveaux projets, le niveau de dividende qui sera versé, la rémunération des dirigeants, etc. Pour pousser les entreprises à davantage d'écoresponsabilité, en devenir actionnaire pour exercer ses droits en AG constitue donc une première étape ! Et un levier d'action majeur : plus de 25 % de notre patrimoine financier en France est investi en actions d'entreprises cotées et non cotées (1 200 milliards d'euros en 2017, soit presque la moitié du PIB de la France !). Les épargnants ont donc un poids et une légitimité à faire valoir pour influencer les entreprises présentes en Bourse.

Mais les actionnaires individuels restent éparpillés et trop isolés les uns des autres : ils pèsent finalement très peu au capital de la plupart des entreprises dans lesquelles ils investissent car leur poids individuel reste plus faible que celui des investisseurs institutionnels (banques, assurances, etc. ayant aussi investi dans la société) ou des gros fonds d'investissement. Ces derniers possèdent à eux seuls un plus grand nombre d'actions au sein des entreprises cotées que tous les particuliers ! Pour renforcer leur poids et parvenir à influencer la stratégie des entreprises, les particuliers doivent donc cesser de s'éparpiller, en mettant en commun leurs votes. Pour cela, ils peuvent mutualiser leurs investissements et déléguer leurs droits de vote à des spécialistes en plaçant leur argent dans les produits d'épargne collective : les fonds de gestion, OPCVM, SICAV, contrats d'assurance vie, plans d'épargne retraite, etc. Si vous choisissez d'investir dans un fonds labellisé ISR ou ESG, ses gestionnaires devront en votre nom collectif pousser l'entreprise (lors des assemblées générales d'actionnaires) vers davantage d'engagements environnementaux et sociaux, et exercer pour cela les droits de vote que vous leur aurez confiés : n'hésitez pas à demander à l'organisme qui investit votre argent quelle est sa politique et de vous transmettre un rapport sur les faits marquants de l'exercice écoulé.

Enfin, la capacité à infléchir la stratégie des entreprises ne dépend pas que des droits de vote acquis. Sara Carvalho de Oliveira est analyste chez Sycomore AM : « Plus encore que le résultat final du vote en assemblée générale, c'est le dialogue entre l'entreprise et ses investisseurs en amont qui est décisif dans l'évolution des pratiques. Beaucoup d'entreprises acceptent de mettre en œuvre les recommandations des actionnaires si elles ont été convaincues bien en amont de l'AG de l'intérêt que cela présente pour leurs parties prenantes. » Investir votre argent en Bourse à travers les fonds ISR ou ESG les aidera à défendre vos engagements environnementaux et sociaux auprès des entreprises.

Des particuliers de plus en plus actifs dans les assemblées générales

En Europe, le pourcentage d'actionnaires exerçant leur droit de vote est passé de 60 % en 2008 à 70 % en 2018.

Les particuliers sont les actionnaires les plus exigeants au moment de voter sur les rémunérations des dirigeants : 17 % de votes négatifs sur le SBF 120 en 2018 contre à peine 5 % chez l'ensemble des actionnaires (en tenant compte des institutionnels, etc.).

Au total, il n'est plus rare de voir des rémunérations de dirigeants du CAC 40 approuvées à moins de 60 % par l'ensemble des actionnaires !

Source : Sycomore AM.

Un événement inattendu risque néanmoins de limiter à l'avenir l'influence des actionnaires : de plus en plus d'assemblées générales d'actionnaires ont en effet lieu à distance (via les applications type « Zoom »). Depuis la crise sanitaire du coronavirus et la distanciation physique associée, les assemblées générales d'actionnaires à huis clos se généralisent déjà et pourraient devenir monnaie courante dans les prochaines années à mesure que les réseaux numériques continueront d'améliorer leurs capacités et offriront aux différents acteurs les moyens d'interagir à distance. Ces assemblées générales « numériques » (virtuelles ?) ne risquent-elles pas de limiter la capacité des actionnaires à échanger directement et à influencer les dirigeants des sociétés cotées ?

L'ISR face aux rachats d'action

Pour l'investisseur sensible aux enjeux sociaux, certaines pratiques boursières posent aussi question. L'économiste Mariana Mazzucato[15] dénonce par exemple les plans de rachat d'actions. Parfois excessifs (les experts estiment qu'ils contribuent à 20 % de la hausse des marchés américains chaque année), l'argent qui leur est consacré pourrait être utilisé plutôt pour financer la recherche et le développement de l'entreprise ou la formation des salariés par exemple. À ce titre, une entreprise peut-elle se prétendre vertueuse pour ses salariés si elle rachète à tour de bras ses propres actions et si elle va parfois jusqu'à s'endetter pour y parvenir, avec l'espoir de faire ainsi grimper son cours de Bourse ?

ETF *versus* Environnement

Les moyens d'investir « responsable » en Bourse sont donc nombreux, mais certaines questions existentielles restent posées. L'investissement en Bourse est-il pleinement cohérent avec les objectifs de la finance responsable ? Les milliards d'échanges électroniques quotidiens nécessaires aux achats-ventes d'actions n'émettent-ils pas à leur tour

15. Mariana MAZZUCATO est une économiste italo-américaine, auteur de *Entrepreneurial State*, Londres, Penguin Books, 2018 et *The Value of Everything*, Londres, Allen Lane, 2018. Ses travaux déconstruisent le mythe d'un secteur privé qui innoverait de manière autonome et montrent le rôle de l'État dans les grandes avancées technologiques. Lauréate en 2019 du premier « non-prix Nobel » remis par l'association Promoting Pluralism in Economics.

des quantités astronomiques de CO_2[16] ? Investir en Bourse, même dans les titres d'entreprises éco-responsables, n'ajoute-t-il pas encore du CO_2 au CO_2 ? S'ils veulent réellement limiter l'empreinte des activités humaines sur l'environnement, les investisseurs en Bourse comme les grands opérateurs boursiers (Euronext, NYSE…) devront tenter de résoudre cette contradiction.

Un conflit aggravé par l'essor des ETF : les *Exchange Traded Funds* sont des produits d'investissement en Bourse (aussi appelés *trackers*) très en vogue car ils offrent aux investisseurs des performances financières irréprochables. Ils attirent massivement les épargnants même si leur ADN s'éloigne des thématiques « responsables » : ils se contentent de répliquer (reproduire) les yeux fermés la composition des différents actifs boursiers existants, quelle que soit la qualité des actions, obligations ou dérivés qui s'y logent. Par définition, ils ne prétendent donc pas « responsabiliser » l'investissement, mais se bornent au contraire à répliquer l'actif auquel ils se réfèrent afin d'en reproduire au millimètre la performance, au bénéfice des investisseurs : répliquer est ici plus important que toute autre considération, cela s'appelle d'ailleurs la gestion « passive ». Par exemple, un ETF adossé au CAC 40 répliquera sa composition en intégrant les mêmes valeurs, sans chercher à en exclure quelles que soient les pratiques environnementales et/ou sociétales des entreprises qui le composent.

16. Les achats et ventes d'actions, d'obligations, de produits dérivés ne se font plus par échange de documents papier mais entièrement par voie électronique désormais, c'est-à-dire sous forme d'échanges sur Internet hautement sécurisés, mais fortement émetteurs de CO_2.

Un ETF ne cherche donc pas à orienter les marchés dans un sens plus « responsable », mais à les répliquer tels qu'ils sont. Une passivité malgré tout séduisante : d'ailleurs, ces produits de simple réplication attirent de plus en plus d'épargnants ! Leurs frais sont ultrabas, de trois à cinq fois inférieurs à ceux des SICAV classiques par exemple, ce qui contribue à attirer les investisseurs avant toute autre considération. Les encours des ETF explosent donc : les trois principaux émetteurs d'ETF au monde (BlackRock, Vanguard et State Street) gèrent à eux seuls des centaines de milliards de dollars de collecte ! En tout, les ETF pèsent dans le monde 4 700 milliards de dollars et près de 5 % de l'univers disponible en actions. Ils sont aussi à l'origine de 30 % des volumes d'échanges sur les marchés boursiers aux États-Unis avec des poussées jusqu'à 40 % lors de certains événements majeurs[17] ! Autant d'argent consacré à répliquer les marchés à l'infini, plutôt qu'à les orienter au service de causes sociales ou environnementales. Les ETF commencent néanmoins à s'engager et à assumer un rôle plus proche des objectifs de la finance responsable. Peu à peu, les principaux émetteurs d'ETF annoncent des plans d'action pour faire enfin de leurs produits un levier de la finance verte. Leur force d'attraction (les frais bas) est progressivement mise au service d'enjeux environnementaux et sociétaux dépassant la simple réplication des indices. La part des ETF se définissant comme « ESG-compatibles » (compatibles avec des objectifs environnementaux, sociaux et de gouvernance) a quasiment doublé en cinq ans, passant de

17. Travaux d'Itzhak Ben-David relayés par l'European Systemic Risk Board, 2017.

moins de 10 % à quelque 18 %. De Black Rock à State Street, les géants du secteur annoncent l'un après l'autre la prise en compte des critères ESG dans la constitution de leurs produits. « Les ETF aideront à démocratiser l'accès à la finance durable, car ils coûtent cinq fois moins cher que des fonds communs classiques », s'enthousiasme Stéphane Lapiquonne, codirigeant de BlackRock pour l'Europe continentale. Pour enclencher son difficile virage, le géant américain s'est d'ailleurs fixé un objectif ambitieux : il veut doubler sa gamme d'ETF répondant aux critères ESG. Il veut aussi liquider ses positions dans les producteurs de charbon thermique (qui tirent plus de 25 % de leurs revenus de cette énergie).

Dans le sillage de BlackRock, tous les acteurs du secteur verdissent leur gamme : Lyxor AM, le principal producteur d'ETF en France, exclut désormais de ses produits les entreprises dont le chiffre d'affaires issu du charbon thermique est supérieur à 10 %. Lyxor propose aussi un ETF axé sur l'eau propre et l'assainissement ou encore un ETF « GREEN BOND », c'est-à-dire investi en obligations vertes : une première mondiale[18]. Enfin, les marchés voient apparaître des ETF intégrant aussi des critères d'égalité au travail : Lyxor Global Gender Equality, par exemple.

Les dernières évolutions sont donc encourageantes ! Ces produits ont encore beaucoup de progrès à accomplir mais pourraient finalement aider à démocratiser l'investissement responsable, leurs frais bas attirant déjà de nombreux épargnants. Il faut par contre espérer que

18. Lancé en 2017, cet ETF a obtenu le label Greenfin.

les ETF « responsables » en matière sociale et environnementale restent bon marché et accessibles à aussi bas prix que les autres. Or, à ce jour, la solidarité est un luxe. Le coût supplémentaire de la recherche extra-financière renchérit parfois les frais : les investisseurs en quête d'ETF « responsables » doivent donc être prêts à payer un peu plus cher sur certains produits.

Les meilleurs ETF ESG

Note des analystes Morningstar (à mi-2020) :

- **Silver (note Argent) : iShares MSCI World ESG Scrn ETF USD Acc**
  Frais annuels : 0,20 %
- **Gold (note Or) : iShares MSCI USA ESG Scrn ETF USD Acc**
  Frais annuels : 0,07 %
- **Gold (note Or) : UBS ETF MSCI EMU SRI EUR A dis**
  Frais annuels : 0,28 %

Pour aller plus loin, les fabricants de produits financiers devront aussi prendre conscience du poids des mots et mener une bataille sémantique. Les ETF sont des fonds dits « passifs », mais n'ont en réalité rien de passif sur le plan environnemental. Rien de commun en effet avec un logement passif qui, lui, se caractérise par ses hautes performances énergétiques (il est peu consommateur) favorables à la préservation de l'environnement ! « Cette confusion des mots est un obstacle de plus au diagnostic lucide et à l'action », regrette Vincent Auriac, président d'Axylia. Si elle perdure, la confusion des termes employés finira-t-elle par brouiller les objectifs et embrouiller les épargnants ?

6

Les placements éthiques les plus performants

« Quand un homme a faim, mieux vaut lui apprendre à pêcher que de lui donner un poisson. »

CONFUCIUS, Ve siècle avant J.-C..

Les investissements responsables passent-ils à côté de leur potentiel ? Le nombre de particuliers souscrivant des produits verts ou ISR reste finalement extrêmement faible : de fait, 5 % des Français à peine disent avoir déjà investi dans un fonds ISR[1]. C'est effectivement un gâchis lorsqu'on compare ces sommes aux montagnes d'épargne des Français : celle-ci représente plus de 5 000 milliards d'euros, soit deux fois la richesse créée en un an en France (2 425 milliards d'euros en 2019). Des Livrets A à l'assurance vie en passant par les

1. Étude « Les Français et la finance responsable », réalisée par l'Ifop pour le compte de l'agence de notation sociale et environnementale Vigeo-Eiris et le Forum de l'investissement responsable (FIR), septembre 2020.

placements retraite, notre pays est le champion mondial de l'épargne. L'essentiel des sommes est placé sur les fonds euros et les comptes courants, c'est-à-dire sur des produits ou des enveloppes peu rémunérateurs et sans objectif environnemental ou social précis. Les montants laissés sur les comptes courants atteignaient des records en 2020 et les fonds euros cumulaient encore près de 1 400 milliards d'euros. En comparaison, les sommes placées sur les produits ISR ou ESG paraissent encore bien faibles : les encours des fonds durables ouverts aux épargnants français atteignaient fin 2019 quelque 278 milliards d'euros[2] à peine, soit six fois moins que les encours de l'assurance vie.

Le potentiel est donc énorme : même si peu de Français se lancent réellement, une majorité s'intéresse au sujet. « Depuis quelques années, nous voyons de plus en plus de particuliers voulant investir prioritairement dans des fonds ISR et ESG, afin de donner davantage de sens à leur épargne », confirme Stéphanie Allory, directrice de l'offre financière de l'UFF. De fait, 62 % des Français disent accorder une place importante à l'impact environnemental et sociétal de leurs placements et souhaitent effectivement voir ces sujets pris en compte de façon prioritaire[3]. Comment passer de la parole aux actes ? Comment leur mettre le pied à l'étrier ? Pour attirer davantage encore le grand public, l'ISR devra sans relâche poursuivre ses efforts visant à convertir les cœurs et les esprits. L'enjeu est grisant, l'épopée inédite et susceptible de mobiliser une génération entière : il s'agit en effet de convertir l'argent (et l'épargne) aux énergies propres alors que depuis deux cents ans nous l'avons investi dans

2. Novethic.
3. Étude Ifop, « Les Français et la finance responsable », déjà citée.

des énergies fossiles (pétrole, charbon, qui nous ont permis d'atteindre le niveau de vie confortable dont nous jouissons). Notre génération peut être fondatrice…

Étienne Espagne est économiste à l'Agence française de développement : « Nous étions entrés depuis deux cents ans dans l'ère géologique du capitalocène, où l'argent a façonné la géologie et la planète à force d'extractions minières et d'émissions polluantes. Or, aujourd'hui, ce capitalocène doit essayer de verdir ses pratiques, les capitaux et la finance pour mieux protéger les ressources[4]. » Les douze travaux d'Hercule, certes, mais un enjeu grisant et de nature à offrir à nos générations un rôle historique de premier plan. Les investisseurs s'éveilleront s'ils trouvent matière à y croire et prendre confiance : nous l'avons vu plus haut, la Bourse offre de nombreuses possibilités d'investissement et les gains financiers associés aux thématiques responsables s'accroissent peu à peu[5]. Mais ils apparaissent surtout dans la durée, au bout de plusieurs années d'investissement. Comment faire accepter ce « temps long » de l'investissement aux épargnants ? Comment les convaincre de placer leur argent pour des années et des années alors que la plupart privilégient des produits souples, dans lesquels ils peuvent piocher à tout moment selon leurs besoins et leurs envies du moment ? Cette question devra être réglée : les produits responsables réclament une durée d'investissement longue à laquelle les épargnants ne voudront pas immédiatement se

---

4. Étienne Espagne : propos extraits de l'émission *Entendez-vous l'éco*, 30 janvier 2020, France Culture, présentée par Tiphaine de Rocquigny. Étienne Espagne se réfère également à l'ouvrage collectif dirigé par Michel Aglietta, *Capitalisme, le temps des ruptures*, Paris, Odile Jacob, 2019.
5. Voir le chapitre 5.

soumettre. Les pouvoirs publics pourraient créer des déclics incitatifs : ils pourraient proposer une carotte fiscale à ceux qui investissent dans des entreprises vertueuses ou des fonds responsables afin d'enclencher les choses et d'attirer plus encore l'argent vers ces produits. Les épargnants y sont prêts, pourvu qu'on les y pousse : 55 % d'entre eux disent qu'ils investiraient davantage dans les produits responsables si la réglementation venait à les y inciter[6].

Accroître la visibilité des produits ISR

Pour attirer davantage d'épargnants vers les placements ISR, il faudra aussi et surtout améliorer leur visibilité. À peine 24 % des Français déclarent connaître l'existence des placements durables, et seuls 5 % d'entre eux les connaissent avec précision[7]. Comment faire mieux ?Pour Philippe Zaouati, « il faudrait systématiquement demander à chaque épargnant ses préférences environnementales et sociales avant de le pousser vers tel ou tel placement ». La réglementation (directive MIF) oblige déjà les conseillers financiers à sonder l'aversion au risque de leurs clients avant toute recommandation d'investissement : pourquoi ne pas élargir les questionnaires déjà existants aux thèmes « responsables » ?

Pour flécher l'épargne vers l'ISR, il faudra aussi améliorer les connaissances financières des Français. L'univers des placements dans son ensemble les rebute et leur est en

6. Enquête Global Investor Study de Schroders, 2019.
7. Étude Audirep pour l'AMF, septembre 2019.

grande partie inconnu : comment les pousser plus loin et les intéresser à l'ISR si le « I » (pour « Investissement ») leur reste étranger ? Les Français sont hélas bons derniers d'Europe en culture financière, derrière les Portugais et les Italiens[8] : « L'économie est aux Français ce que la géographie est aux Américains : un grand sujet d'ignorance ! », titrait récemment un blog satirique américain... Dans ce monde désormais dominé par la finance, nos lacunes deviennent un handicap : la finance verte se démocratisera si la finance tout court finit par intéresser nos compatriotes ! Pour démocratiser les produits responsables, il faudra donc d'abord mieux former les particuliers aux produits financiers dans leur ensemble. Est-ce un hasard si 60 % des Français pensent que les placements responsables sont « réservés à ceux qui s'y connaissent suffisamment[9] » alors que l'immense majorité est en réalité déjà reconnaissable et certifiable grâce aux labels ? Renforcer l'éducation financière sera probablement en soi un investissement socialement responsable, car au service des Français et de la confiance qu'ils pourront avoir dans les placements qui leur sont proposés.

Mais ce n'est pas tout : les professionnels devront les premiers se retrousser les manches ! Pour démocratiser les produits ISR, les intermédiaires auront un rôle de premier plan : rien ne se commercialise sans de bons commerçants ou (pour les produits financiers) des distributeurs efficaces ! Les banquiers, les CGP (Conseillers en gestion de patrimoine) et plus globalement les distributeurs doivent jouer un rôle croissant pour le développement des placements

8. Rapport Allianz « Argent, culture financière et risques à l'ère digitale ».
9. Étude de l'Institute for Climate Economics, Inspection générale des Finances.

verts. Il y a encore du chemin à parcourir, comme nous allons le démontrer dans un instant (voir l'encadré à suivre « Un manque d'informations criant »).

La balle est donc dans le camp des conseillers et distributeurs : eux-mêmes doivent être sensibilisés, et parfois mieux formés aux placements verts. Beaucoup n'ont en effet qu'une connaissance superficielle des concepts en jeu. Leur employeur (grands réseaux bancaires, groupes institutionnels) les invite souvent à commercialiser les produits maison plutôt qu'à conseiller réellement les clients à travers une expertise large et approfondie des produits responsables ! Les choses avancent néanmoins : les *asset managers* développant de plus en plus de produits ISR, les distributeurs peuvent désormais commercialiser des gammes de plus en plus larges et concurrentielles. Il n'est que temps : 52 % des épargnants se disent prêts à investir dans les produits responsables si leur conseiller communique plus d'informations faciles à comprendre, et 49 % s'il les y incite[10].

Un manque d'informations criant

À peine 20 % des Français et 26 % des détenteurs d'un produit d'épargne connaissent au moins un des quatre principaux labels d'investissement responsable (CIES, Finansol, Greenfin, label ISR). Il faut dire que seuls 5 % des déclarants se sont vu proposer par leur conseiller bancaire ou financier un investissement socialement responsable !

C'est d'autant plus dommage que 55 % des épargnants estiment que ces professionnels sont les mieux placés

10. Enquête Global Investor Study de Schroders, 2019.

pour leur en parler, devant les ONG et les associations de consommateurs (11 %), les médias et les pouvoirs publics (10 %), la famille et les amis (8 %), les réseaux sociaux (4 %) et l'employeur (2 %).

Source : Étude « Les Français et la finance responsable », déjà citée.

Redorer le blason de la Bourse

La Bourse offre mille possibilités pour investir vert ou responsable. Mais comment convaincre les épargnants de la choisir, de la privilégier pour leurs investissements au service de la planète et des autres ? Son image reste en effet négative. Les Français l'associent parfois au « libéralisme vorace » et aux placements purement spéculatifs : l'inverse d'un placement durable. Les banques elles-mêmes proposent de plus en plus de livrets bancaires « solidaires » plus sûrs à première vue que la Bourse : pourquoi les épargnants prendraient-ils le risque de la Bourse pour « investir solidaire », quand de tels livrets (au capital parfois garanti) leur sont servis sur un plateau ?

La Bourse devra donc améliorer son image, convaincre qu'elle offre des garanties, une sécurité, et qu'y investir relève quand même d'une démarche responsable. Les arguments en sa faveur ne manquent pas. Par certains aspects, elle colle même par nature aux missions de l'investissement responsable : elle finance le développement des entreprises, leur recherche et développement, et tous les emplois associés. Plus globalement, elle finance l'écosystème économique de tous les pays qui lui sont ouverts : une mission pour le moins utile et (elle aussi) responsable. Par les missions qu'ils s'assignent, les placements responsables et la Bourse convergent donc.

Développer l'ISR convaincra-t-il plus profondément les Français d'y investir ? La Bourse redorera-t-elle son blason auprès de nos concitoyens et parviendra-t-elle enfin à battre leurs réticences (et à les attirer davantage) ? Bien sûr, elle restera un placement risqué, les variations des sociétés cotées s'avéreront toujours spectaculaires et parfois effrayantes d'un jour à l'autre pour le commun des mortels. Certains continueront aussi d'y voir un casino, mais, en réalité, la Bourse est aussi taillée pour le long terme : investir en Bourse sur longue durée (plusieurs années) permet d'enjamber les krachs et de limiter les risques de moins-values. On ne « joue » alors plus en Bourse, on y investit. Et parce qu'on y investit, la Bourse finance des projets de long terme et prend une dimension plus « responsable ». En investissant en plus à travers des fonds ou des valeurs ISR, vous ne placez pas votre argent en Bourse par pur opportunisme mais pour donner corps à vos convictions. C'est donc un cercle parfaitement vertueux : le développement de l'ISR améliorera l'image de la Bourse, dont la puissance offre un levier majeur de financement des thématiques vertes ou responsables. L'ISR et la Bourse sont amenés à se nourrir l'un l'autre. La « cohérence intellectuelle » des acteurs dits « responsables » ne justifie plus de tourner le dos aux marchés financiers.

La Bourse est même parfois un outil de philanthropie ! Elle peut aider directement des associations ou fondations : certains acteurs financiers proposent de verser une partie des gains générés en Bourse, voire de leurs bénéfices à des organismes non lucratifs. Parmi eux, Amplegest et Amiral Gestion donnent régulièrement un pourcentage de leurs bénéfices ou du chiffre d'affaires. Un outil de solidarité des acteurs boursiers avec le reste de la société.

Le sens de l'histoire

Bourse et ISR se nourrissent l'un l'autre. Mais ils pourraient surtout profiter du déclin des autres placements : la nature ayant horreur du vide, le malheur de certains placements fera l'épanouissement de l'ISR. C'est même le sens de l'histoire ! Les rendements de plus en plus faméliques des fonds euros pourraient par exemple dissuader les Français d'y investir au profit de l'ISR. Les fonds euros, aujourd'hui forts de près de 1 400 milliards d'euros d'encours, n'apportent ni rendement (1,4 % en moyenne en 2019, encore moins en 2020) ni valeur ajoutée sociale ou environnementale : ils se contentent de financer la dette de l'État, chaque euro étant investi en obligations du Trésor. Une performance et un cahier des charges propres à dissuader (ennuyer ?) les investisseurs de demain d'autant que le risque associé aux fonds euros va, lui, croissant : certains assureurs imposent désormais à chaque nouveau souscripteur d'investir aussi en unités de compte (plus volatiles). Même la garantie du capital (70 000 euros par fonds euro) est de plus en plus souvent rognée du montant des frais qui, eux, progressent parfois de façon spectaculaire. Le charme des fonds euros opérera de moins en moins : l'argent qui ne s'y investira plus ruissellera-t-il vers l'ISR ? Ce dernier a tous les atouts pour attirer les épargnants sur l'autel des placements en déclin.

Ses missions environnementales et sociales tout comme ses performances financières sur une longue période plaident en sa faveur (voir chapitres 4 et 5).

Le vent de l'histoire souffle même de plus en plus fort en sa faveur. Même l'évolution de la démographie lui sera bénéfique, car les placements retraite, qui deviendront incontournables, entrent en parfaite cohérence avec ses objectifs ! Les risques pesant sur nos systèmes de retraite (et la crainte de subir une forte baisse de pouvoir d'achat une fois la retraite arrivée) pousseront de plus en plus de Français à y investir pour assurer leurs vieux jours : une opportunité de plus pour l'ISR ! Car la plupart des placements dédiés à la préparation de la retraite proposent d'investir dans des produits « responsables ». La durée de l'investissement étant longue (on prépare souvent sa retraite dès l'âge de quarante-cinq ans), les placements retraite poussent naturellement l'épargnant à privilégier des thématiques de long terme ou de conviction dont fait partie l'ISR. Surtout, nous souhaitons tous que le monde soit toujours agréable et nos sociétés en bon état au moment d'aborder la retraite : choisir des placements durables et responsables est assurément le meilleur levier pour y parvenir. Préparer sa retraite est un pari sur l'avenir, la meilleure façon de l'influencer positivement (et de le préserver) est donc d'investir responsable. L'ISR est bien consubstantiel à la préparation à la retraite !

La loi Pacte oblige d'ailleurs chaque PER[11] à proposer aux épargnants au moins une option solidaire. Dans les pays anglo-saxons, les placements retraite ont créé un effet

11. Plan d'épargne retraite : produit commercialisé depuis octobre 2019 dans le cadre de la loi Pacte.

d'entraînement décisif : les fonds de pension représentent au Royaume-Uni et aux États-Unis le segment le plus important des investisseurs ISR[12] !

Quelques-uns des PER « responsables » disponibles sur le marché...

- **Le PER Afer Retraite Individuelle, distribué par l'Association française d'épargne et de retraite et assuré par Aviva.**
- **Le FAR PER d'Agipi, assuré par Axa.**
- **Le PER Lignage, d'Oradéa Vie (groupe Société générale).**
- **Le contrat Multi Horizon Retraite de Macif, assuré par Mutavie (il ne propose que des fonds gérés selon des principes d'investissement responsable).**

Source : Camille PRIGENT, magazine *Investir éthique*, 4 mars 2020.

La caisse Préfon est leader des retraites complémentaires pour la fonction publique. Son directeur général Christian Carrega confirme qu'ISR et placements retraite jouent gagnant-gagnant : « Investir dans les entreprises qui prennent soin de l'environnement ou de la qualité de leur management, c'est investir dans des entreprises dont on peut penser qu'elles gagneront de la valeur et non l'inverse. Un gage de sécurité, qui répond pleinement à l'exigence de ceux qui placent pour le long terme afin de préparer leur

12. 59 % des principaux fonds de pension britanniques utilisent une approche ISR, selon une étude de la UK Sustainable Investment and Finance Association. Il faut dire qu'un cadre juridique contraignant les y oblige.

retraite[13]. » Ils veulent que les sommes placées gagnent en valeur (jusqu'à leur retraite) avec un risque moindre de pertes. Avant d'investir dans telle ou telle entreprise, les acteurs des placements retraite appliquent donc un filtre ISR. « Ce n'est que du bon sens : une entreprise qui respecte ses salariés, la planète, ses actionnaires, va rester plus profitable dans la durée. » L'ISR n'est pas philanthropique, il doit d'abord rapporter !

Les retraites, tremplin pour l'ISR !

71 % des Français veulent « disposer d'un capital en vue de la retraite, pour avoir suffisamment d'argent tout au long de leur retraite ». Une préoccupation forte pour 38 % d'entre eux. Source : étude de l'institut Audirep pour l'AMF auprès d'un échantillon de 1 200 personnes représentatif de la population française, 2019.

Les unités de compte, futur moteur de l'ISR

Les investissements responsables sont donc innombrables, des placements retraite au PER et à la Bourse. Mais la loi Pacte permet aussi aux épargnants friands d'assurance vie (et des avantages fiscaux associés) d'investir pour la planète et pour une meilleure société : en effet, l'État souhaite faire de l'assurance vie et de ses 1 800 milliards d'euros

13. Propos de Christian Carrega sur BFM Business, *Le Hors-Série : Comprendre l'épargne retraite*, 23 décembre 2017.

d'encours un vecteur de l'épargne citoyenne[14], une force de frappe, en effet, de nature à changer la donne. Depuis le 1er janvier 2020, les contrats commercialisés doivent donc inclure au moins une unité de compte répondant au label ISR, et une autre destinée à financer la transition énergétique ou un fonds solidaire. Un bon début, prometteur et bientôt amplifié : à partir du 1er janvier 2022, les acteurs de l'assurance vie devront commercialiser au moins une unité de compte dans chaque catégorie. Ces efforts suffiront-ils à flécher plus d'épargne vers les thématiques ISR ? On peut parier que oui : les unités de compte drainent déjà des dizaines de milliards d'euros et sont amenées à monter encore en puissance ! Les assureurs misent dessus (pour compenser le déclin des fonds euros) et produisent d'importants efforts de commercialisation. La montée en puissance prévisible des unités de compte, contraintes d'investir en partie « responsable », fera à coup sûr les affaires de l'ISR.

Mais ce n'est pas tout : les assureurs sont aussi poussés à davantage de transparence sur ces thématiques vertes et sociales. Depuis 2015, les institutionnels doivent chaque année rendre compte officiellement de la façon dont ils prennent en considération les critères ESG dans leurs investissements, identifier les risques climatiques et indiquer les efforts mis en œuvre pour la transition écologique. Des clés d'information utiles aussi pour les ONG, prêtes à dénoncer ceux dont les promesses ne se traduiraient pas dans les rapports annuels. Ils doivent désormais multiplier les efforts pour en renforcer la visibilité, jusqu'à informer

14. Environ 40 % de l'épargne financière des Français sont investis en assurance vie. Source : Banque de France.

leurs souscripteurs de la part réelle de leur épargne allouée à la transition écologique ou au secteur solidaire.

L'impact de la loi Pacte

L'obligation de diffuser au moins un produit labellisé dans le cadre de l'assurance vie dope le nombre de fonds labellisés ISR. Il a plus que doublé en 2019 : le label d'État a été attribué à 117 fonds supplémentaires et le premier semestre 2020 marquait encore une accélération (358 fonds étaient labellisés à mi-2020).

Ceux labellisés ISR représentent désormais plus de 50 % des encours de fonds durables ouverts aux particuliers, contre 28 % en 2018.

Source : Indicateur Novethic, 30 juin 2020.

L'épargne salariale : discrète et efficace !

Si les unités de compte sont un moteur prometteur pour l'ISR, la réglementation pousse aussi l'épargne salariale à le devenir. Sous la contrainte (aussi), les Plans épargne entreprise ont déjà intégré depuis plusieurs années des fonds solidaires. Cela s'explique notamment par l'obligation faite d'intégrer un fonds solidaire, dont une partie minoritaire des encours (de 5 à 10 %) va directement financer des acteurs de l'économie sociale et solidaire.

Mais désormais, une nouvelle étape est franchie puisque environ 69 % des entreprises proposent à leurs salariés un fonds ISR[15]. De même, 35 % des encours de l'épargne salariale sont gérés selon les principes ISR[16]. Une évolution rapide et logique : en tant que citoyens, les salariés se sentent concernés par les sujets d'emploi et de logement, et les questions liées à l'environnement. Multiplier les offres ISR permet donc de tisser une cohésion philosophique entre les performances de la société et les préoccupations de ses salariés : une façon pour les directions de coller à leurs préoccupations. De leur côté, les salariés y voient un outil pour donner du sens à leur épargne. En 2019 déjà, 56 % des Français déclaraient vouloir augmenter leur part d'épargne salariale placée en ISR[17], et cette proportion s'est sans doute accrue depuis (la tendance étant continûment orientée à la hausse, grâce à la multiplication des offres). Plus l'épargne salariale se développera, plus les placements responsables devraient encore en profiter...

	En 2019 (en €)	Évolution en % par rapport à 2018
Encours global de l'épargne solidaire	15,6 milliards	+24 %
Épargne bancaire solidaire	**5,1 milliards**	**+29 %**
Épargne salariale solidaire	**9,7 milliards**	**+21 %**

Source : Finansol.

15. Sondage Natixis auprès de 2 000 épargnants et 200 responsables d'épargne salariale, 2019.
16. Étude Morningstar.
17. Sondage Natixis auprès de 2 000 épargnants et 200 responsables d'épargne salariale, 2019.

Financer le non-coté

Pour être utile aux autres, à la Terre, à la société, les particuliers peuvent aussi investir au capital des entreprises non cotées. Le financement participatif fait de vous un épargnant engagé : il s'ajoute aux nombreux placements donnant du sens à vos investissements et participe à encourager les démarches responsables ! Il permet de soutenir financièrement des entreprises qui ne sont pas présentes en Bourse, dès leur naissance ou par la suite lors des phases successives (et parfois critiques) de leur développement : façon d'accompagner l'émergence des leaders de l'économie de demain, qui devra se montrer plus verte et vertueuse !

Pour financer l'économie participative, deux outils s'offrent à vous : le *crowdlending* et le *crowdfunding*. Le *crowdlending* permet aux particuliers de prêter de l'argent aux entreprises (et de percevoir des intérêts réguliers) tandis que le *crowdfunding* leur permet d'investir au capital (directement ou à travers des fonds). Avec ces deux outils, chacun peut donc investir dans l'entreprise dans laquelle il croit : un financement « participatif », utile, au service de projets et d'entrepreneurs… La dimension solidaire ou vertueuse est incontestable.

Mais ces placements sont d'autant plus vertueux qu'ils répondent aussi à des enjeux de souveraineté : en Europe, les investisseurs anglo-saxons sont prompts à financer les pépites, mais les Français sont moins présents. Plus les épargnants et les institutionnels français s'engageront aux côtés des entreprises de demain, celles qui ont besoin de financer leurs étapes de croissance, moins ces pépites dépendront d'intérêts étrangers et de financements anglo-saxons ou chinois.

De plus, en finançant les entreprises dans les phases cruciales de leur développement, voire dès leur naissance, l'épargnant (ou les fonds dans lesquels il investit) a la possibilité de les sensibiliser dès la racine à la mise en place de bonnes pratiques : gouvernance, etc. Un outil d'influence stratégique et potentiellement vertueux… L'investissement participatif est positif et utile à de nombreux égards donc ! L'investisseur s'y retrouve en percevant des intérêts réguliers ou en échange d'un rendement financier adossé à la croissance de la société dans laquelle il a investi.

Néanmoins, investir en mode « participatif » dans une entreprise qui pollue fortement ou qui traite mal ses salariés ne pourra que difficilement faire illusion : si la démarche participative est louable, l'impact global de votre investissement ne sera positif que si vous choisissez d'investir dans les groupes les plus vertueux possible.

De nombreuses plates-formes proposent d'investir ainsi dans des sociétés non cotées et éclairent l'investisseur (pas toujours spécialiste) sur leur activité et leur impact. Sélectionnez bien la plate-forme à travers laquelle vous investirez : choisissez-la agréée par l'AMF (Autorité des marchés financiers) et sous statut CIP (Conseiller en investissement participatif). Gare aux frais aussi : ils sont souvent très élevés, supérieurs à 5 % et susceptibles de rogner le rendement final de votre investissement. Attention enfin aux risques adossés au *crowdfunding* et au *crowdlending* : ils ne s'adressent qu'aux particuliers avertis. Le risque pris est à la hauteur du rendement potentiel (environ 8 %), et vos gains dépendront de la réussite de l'entreprise ou du projet financé. Passez du temps à sélectionner les projets, faites le tri pour éviter les canards boiteux ou ceux qui s'éloignent trop des critères ISR.

Les FIP et FCPI servent-ils les causes « responsables » ?

Ces fonds soutiennent aussi les entreprises dans le besoin. En investissant dans les FIP (Fonds d'investissement de proximité) votre épargne vient financer les entreprises de proximité, proches de chez vous, et soutient l'emploi jusqu'au cœur des régions. Les FCPI (Fonds communs de placement dans l'innovation) permettent, eux, d'investir au capital des entreprises innovantes.

Ces deux profils de fonds sont donc un levier puissant de l'économie française : la France ne créera davantage d'emplois que si ses PME et ses jeunes pousses obtiennent des financements et grandissent.

Néanmoins, tous les FIP et FCPI ne soutiennent pas des sociétés positives pour l'environnement : seuls ceux constitués d'entreprises « responsables » seraient réellement compatibles avec les critères ISR. Or, force est de constater que les FIP et les FCPI n'ont pas encore structuré d'offre ISR très lisible. Il n'existe d'ailleurs pas ici de label ISR ou équivalent à même de guider aisément les investisseurs…

Sur le plan financier, ils s'y retrouvent davantage en percevant un rendement/dividende adossé à la croissance des entreprises composant le fonds. Les FIP/FCPI ont aussi pour eux une fiscalité attractive : vous pouvez déduire

18 % de l'investissement de l'impôt sur le revenu[18] ! C'est beaucoup : à titre d'exemple, pour 24 000 euros investis (plafond autorisé pour un couple), vous paierez 4 320 euros d'impôts en moins. Mieux : au bout de cinq ans, les plus-values sont exonérées d'impôts (hors prélèvements sociaux). Les FIP et FCPI s'adressent donc prioritairement aux contribuables les plus lourdement fiscalisés. Mais vous devrez rester patient : la durée d'investissement minimale est de cinq ans et le rendement n'est en rien garanti. Vous financez des entreprises qui n'ont pas toujours fait leurs preuves, à un tournant parfois vital de leur histoire.

La philanthropie aussi, ça rapporte !

Au championnat mondial de l'altruisme, la philanthropie bat tous les records. Ici, seul compte l'impact social ou environnemental de l'investissement : la bienveillance entraîne la bienfaisance, alors qu'en Bourse l'investissement responsable doit quand même générer un rendement au profit aussi de l'investisseur. La philanthropie, championne des causes qui nous dépassent : difficile d'imaginer plus parfait ambassadeur de l'ISR !

Les incitations financières néanmoins ne manquent pas et poussent de plus en plus d'acteurs à devenir philanthropes : des petits dons jusqu'aux fondations personnelles ou d'entreprise, la philanthropie reste la voie royale pour

18. Et même jusqu'à 25 % si vous aviez investi avant le 31 décembre 2020 (une prolongation de l'échéance est d'ailleurs à l'étude).

réduire ses impôts. Les contribuables savent qu'en donnant à une association, ils peuvent obtenir une réduction d'impôt équivalant à 66 % du don. Pour payer moins, donnez plus : il suffit que l'organisme bénéficiaire soit reconnu d'utilité publique ou d'intérêt général et que le don ne dépasse pas 20 % des revenus (l'excédent éventuel étant reportable sur les cinq années suivantes). Une offre imbattable qui appâte les Français : chaque année, plus de 5 millions de foyers obtiennent ainsi une réduction d'impôt grâce à leurs dons à des associations et fondations, selon les données analysées en 2018 par l'association Recherches & Solidarités. Le montant moyen donné atteint 500 euros par foyer fiscal.

Même les investisseurs en Bourse sont incités à devenir philanthropes ! En effet les réductions d'impôts valent aussi pour les dons de titres cotés en Bourse. Le montant de la réduction fiscale dépendra de la valeur des titres donnés au jour de l'opération (cours, valeur liquidative...). Le don de titres présente aussi l'avantage de gommer vos plus-values constatées (et la fiscalité associée), l'opération étant faite à titre gratuit. Ainsi, si vous souhaitez consacrer une partie de votre portefeuille boursier à une association, mieux vaut donner directement les titres plutôt que de les vendre pour donner ensuite le produit en espèces. Les investisseurs en Bourse ont désormais toutes les raisons de devenir altruistes ! Le don de titres va même encore plus loin, en réduisant l'impôt sur la fortune immobilière : le contribuable peut alors obtenir 75 % de réduction fiscale (dans la limite de 50 000 euros).

Des livrets nécessaires, mais insuffisants

Les dispositifs pour encourager les investissements altruistes sont donc nombreux et incitatifs. Pourtant, une majorité de Français s'adonne encore aux vieux réflexes et abandonne son argent sur les comptes courants ou les livrets réglementés (Livret A, LDDS) sans se préoccuper d'impact social ou environnemental. Une manne gigantesque de plus de 2 300 milliards d'euros (presque l'équivalent du PIB annuel de la France), qu'il pourrait être plus utile d'investir dans des placements responsables !

Les livrets doivent cependant être défendus car ils contribuent aussi à améliorer notre monde. Les montagnes d'épargne qu'ils retiennent jalousement sont en réalité utiles. Le Livret A est la tirelire des bailleurs sociaux : 60 % de l'argent collecté va à la Caisse des dépôts et consignations (CDC) qui l'utilise pour financer des projets d'intérêt général. L'argent des Livrets A finance notamment la création d'hôpitaux, d'équipements publics pour les collectivités territoriales et surtout la construction et la réhabilitation de HLM (la CDC prêtant une partie de l'argent perçu des Livrets A aux organismes HLM à des taux privilégiés). Ainsi, les dizaines de milliards d'euros piégés dans les Livrets servent en réalité des causes collectives !

Est-ce une raison pour y dédier son épargne ? Les pourfendeurs du Livret A soulignent à juste titre ses faux-semblants : « Les organismes HLM qui bénéficient de l'argent du Livret A ne sont pas tous des exemples de bonne et saine gestion », rappellent-ils. « Et si 60 % de la collecte financent les logements, les 40 % restants ne servent qu'à financer les banques. » Certes ! Mais la pression s'accroît :

le gouvernement impose depuis juin 2020 qu'une part des stocks d'encours du Livret A (la part restant dans le bilan des banques) finance l'économie sociale et solidaire. De quoi effacer des décennies perdues ?

Le LDDS crée autant de frustrations que son prestigieux grand frère. Lui était dédié au financement des PME et de la transition énergétique. Après des années de discussions pour en accroître l'utilité, de premiers progrès émergent enfin : les banques doivent désormais proposer annuellement à leurs clients détenteurs d'un LDDS la possibilité de faire un ou plusieurs dons au profit d'une ou plusieurs entreprises de l'économie sociale et solidaire. Le don annuel peut porter sur les intérêts du livret ou sur le capital, et l'opération n'engendre évidemment aucun frais pour le donateur. Mais les avancées vont plus loin : désormais, les banques doivent aussi désormais flécher 5 % des dépôts du LDDS présents au bilan des banques vers l'économie sociale et solidaire. Un progrès important… D'après Finansol, les décisions du gouvernement sur les stocks d'encours du LDDS et du Livret A devraient apporter quelque 9 milliards d'euros à l'économie sociale et solidaire en 2020.

Pour les banques en tout cas, ces livrets (LDDS, Livret A…) sont un vecteur attractif : ils forgent une image plus altruiste et aident à renforcer l'affinité avec leurs clients. De plus en plus, elles identifient les produits responsables comme un outil de reconquête nécessaire. Le chemin sera long : 43 % des Français disent ne pas leur faire confiance ; 44 % d'entre eux disent même qu'ils ne recommanderaient pas leur propre établissement[19]. Les banques tentent donc

19. Étude du cabinet Deloitte et Harris Interactive.

de redorer leur blason, entre autres en multipliant ces placements solidaires : plus d'une vingtaine de livrets bancaires avaient obtenu le label Finansol en 2019.

Cet engagement des banques est un tournant et un moteur sans doute puissant pour l'ISR : la collecte bancaire pour la finance solidaire progresse déjà d'année en année. En hausse de 29 % à nouveau en 2019, elle dépasse désormais celle de l'épargne salariale !

Les banques solidaires !

L'année 2019 a vu une progression spectaculaire de la collecte bancaire de produits solidaires : en hausse de 29 % (avec 810 000 nouvelles souscriptions, soit presque le double de 2018), elle dépasse celle de l'épargne salariale solidaire. La palme au fonds commun de placement BNP Paribas Social Business France : l'encours est passé de 90 à 224 millions d'euros entre fin 2018 et fin 2019, soit la plus forte croissance (+149 %) des FCP en valeur relative en 2019.

Source : Finansol.

Transmettre vos valeurs

Investir votre argent au service des autres et de la planète ne suffit pas ! Nos actions ne dureront et ne marqueront le monde de leur empreinte que si les générations à venir les prolongent ou en perpétuent l'esprit. Transmettre vos valeurs responsables et éthiques est donc capital : nos enfants, les jeunes d'aujourd'hui, sont en effet les investisseurs de demain, les éduquer à la finance verte et responsable est une façon d'orienter les flux de collecte de demain. « Dans chaque famille on transmet des valeurs et de l'argent : pourquoi ne pas transmettre aussi une culture familiale de l'argent autour des placements verts et solidaires ? », propose Stéphane Van Huffel, co-fondateur de *net-investissement.fr*. D'autant qu'en France, l'argent est tabou : « Le mieux est donc d'impliquer les enfants – dès qu'ils sont en âge de comprendre – dans la constitution d'une partie du patrimoine pour leur transmettre une éducation financière et une culture, des valeurs qui vous semblent bonnes et positives. » L'école aussi pourrait proposer une pédagogie des placements « responsables » pour éveiller les élèves à la finance et ainsi sensibiliser les épargnants de demain : les enseignants pourraient enfin aborder les placements comme un outil d'intérêt collectif, à même de sensibiliser les jeunes aux besoins de la planète et de la société. Ainsi abordée, la finance intégrera-t-elle enfin plus souvent les programmes scolaires ?

Transmettre un patrimoine

Transmettre vos valeurs est important et transmettre un patrimoine l'est tout autant ! Agir pour les autres, c'est en effet aider financièrement ses enfants et ses petits-enfants, leur transmettre le plus tôt possible un héritage financier qui leur sera plus utile qu'à vous-même. L'allongement de la durée de vie retardant l'âge où les Français héritent, certains d'entre nous perçoivent leur héritage autour de soixante ans, c'est-à-dire un âge où ils n'en ont souvent plus besoin (leur patrimoine est déjà largement constitué) alors que leurs enfants, encore en début de carrière, seront toujours soulagés d'en bénéficier sans attendre. Le placement le plus responsable consiste donc à aider ses propres enfants lorsque ceux-ci en ont besoin en transmettant directement votre part d'héritage (si vous avez les moyens de vous en passer bien sûr). L'argent dont on n'a pas forcément besoin à soixante ans est revivifié lorsqu'il est transmis aux enfants : les jeunes actifs vont le réinjecter, pouvoir habiter un bien même si les prix de l'immobilier les excluaient jusqu'ici, etc. La transmission transgénérationnelle sera bien l'un des investissements solidaires et responsables de demain !

Comment faire ? La donation est bien sûr importante : mieux vaut transmettre de son vivant et surtout avant soixante-dix ou quatre-vingts ans pour bénéficier de l'exonération de certains dons familiaux d'argent. Chacun doit aussi se poser les bonnes questions : quand souhaitez-vous que votre enfant ait la jouissance de cet argent ? Pour quoi faire ? Financer l'achat d'une voiture ? Financer ses études ? L'aider à acquérir sa maison ? Ou juste pour financer ses vacances ?

Les outils pour soutenir les jeunes générations ne manquent pas : la donation-partage transgénérationnelle est la plus connue. C'est un pacte familial scellé entre trois générations : les grands-parents, les parents et le petit-enfant. Grâce à ce mécanisme, les grands-parents peuvent directement gratifier leurs petits-enfants en lieu et place de leurs enfants : ces derniers (la génération intermédiaire) acceptent explicitement que la transmission se fasse au profit des petits-enfants en leur lieu et place. L'intérêt de cette donation-partage transgénérationnelle est principalement financier : elle évite une cascade de droits de mutation (frais de notaire) à titre gratuit.

Et en cas de décès ? Lorsqu'une transmission suit un décès, est-il possible aussi de sauter une génération et transmettre directement aux enfants plutôt qu'à l'époux ou épouse survivant ? L'ingénierie patrimoniale a tout prévu : le « cantonnement » autorise en effet l'époux survivant à limiter ses droits à une partie seulement des biens qu'il doit normalement recevoir. *De facto*, il « renonce » au solde : il ne fait pas explicitement de donation au profit des enfants, il décide seulement de ne pas tout prendre... les enfants bénéficient alors indirectement d'une partie de l'héritage.

On le voit, les outils pour encourager l'altruisme et la solidarité entre générations ne manquent pas. Autant d'incitations à passer à l'acte et à anticiper la transmission de votre patrimoine ! Ce n'est pas tout, d'ailleurs : en cas de décès, un ultime outil juridique permet de sauter une génération et de transmettre directement à vos enfants : la « renonciation » à la succession. De fait, l'héritage ira à la génération suivante, mais prudence, car la renonciation ne peut être que totale alors que dans le cadre du « cantonnement » (et comme son nom l'indique), elle reste cantonnée.

Enfin, et toujours pour encourager les comportements solidaires, l'assurance vie permet aussi de faire un « saut de génération » et d'aider les actifs ou les jeunes en leur transmettant directement votre héritage. Pour cela, le détenteur du contrat peut désigner les personnes de son choix dans la clause bénéficiaire. Les contrats de capitalisation offrent le même avantage que l'assurance vie, et permettent même une succession du vivant du détenteur du contrat (sous certaines conditions et avec des abattements fiscaux moindres). Oui, les comportements socialement responsables ont tous les outils pour s'épanouir !

Ces outils de transmission entre générations complètent une gamme de placements ISR déjà très large : les leviers pour investir « responsable » vont donc de la transmission à la Bourse et aux unités de compte ; de l'épargne salariale aux placements retraite ; de la philanthropie aux nouveaux livrets bancaires. Plus une catégorie de placements n'échappe au développement des thématiques vertes ou responsables...

La France, championne mondiale de l'ISR ?

L'ISR irrigue désormais presque tous les placements, poussé par une réglementation de plus en plus verte qui incite les grands investisseurs à agir pour l'environnement et de manière responsable. Depuis 2015, en France, les institutionnels doivent chaque année rendre compte officiellement de la façon dont ils prennent en compte les critères ESG dans leurs investissements, identifier leurs risques climatiques et indiquer les efforts mis en œuvre pour la transition écologique. Les 840 investisseurs institutionnels sont désormais tenus de publier[20] avec transparence leur intégration des critères environnementaux, sociaux et de gouvernance dans leurs opérations d'investissement : une première mondiale.

20. Obligation née de l'article 173 de la loi TEE, en 2015.

Les investisseurs cibles rassemblent les différentes mutuelles, sociétés de gestion, banques et compagnies d'assurance, à la taille et au statut juridique variés, qui sont maintenant soumis à la même obligation de transparence. Une aubaine pour les ONG, prêtes à défier ceux dont les promesses ne se traduiraient pas dans les rapports annuels…

La réglementation est donc un moteur puissant du développement des produits financiers responsables. De son côté, nous l'avons dit, la loi Pacte introduit l'obligation pour tous les contrats d'assurance vie de proposer au moins une unité de compte labellisée (ISR, Greenfin ou solidaire) dès 2020. Sans oublier l'éco-label européen qui doit surgir dans les prochaines années et exercera sans doute une pression accrue en faveur des investissements verts.

La France devient ainsi un leader mondial de la finance verte ! Les gérants français sont à la fête : les sociétés de gestion françaises ont obtenu plus de la moitié des récompenses attribuées par le CDP[21] sur l'impact climatique des fonds d'investissement en actions. Un *leadership* (et une exemplarité) qui doit beaucoup à la réglementation française, laquelle a poussé les acteurs financiers à intégrer l'enjeu climatique. La France est également le troisième plus grand émetteur mondial d'obligations vertes (après les États-Unis et la Chine). Et l'Europe n'est pas en reste : la Banque centrale européenne réfléchit à intégrer dans son mandat la lutte contre le réchauffement climatique. La

21. CDP : ONG créée il y a vingt ans pour inciter les entreprises à publier leurs émissions de gaz à effet de serre. Elle dispose de la plus importante base mondiale de données sur la performance environnementale des villes et des entreprises.

réglementation et les initiatives publiques en faveur de l'investissement responsable sont sans doute les leviers essentiels de son développement à venir.

Le boom des obligations sociales

Elles visent à financer l'accès à l'éducation, aux soins ou au marché du travail, notamment pour les populations démunies.
Les volumes émis s'envolent depuis la crise du coronavirus : l'Unedic, qui gère l'assurance-chômage en France, a par exemple levé l'équivalent de plus de 11 milliards de dollars qui aideront à financer une partie du chômage partiel.
Alphabet, la maison mère de Google, a quant à elle réalisé en 2020 la plus grosse émission d'une entreprise sur ce type d'obligations : près de 6 milliards de dollars.

Source : Guillaume BENOIT, « Les émissions d'obligations sociales pourraient doubler cette année », *Les Échos*, 10 août 2020.

Les limites de la réglementation

Comme toujours, la réglementation étouffe néanmoins ceux qui en abusent ! L'Europe et la France multiplient, on l'a vu, les textes réglementaires afin d'orienter les investissements (et l'économie) vers des activités durables. Une stratégie exemplaire, mais la médaille a son revers : pour passer les fourches caudines des labels et obtenir une certification ISR (ou « responsable »), les gestionnaires de produits financiers doivent consacrer de plus en plus d'énergie à améliorer la transparence de leurs fonds. Plus que les autres, les produits « responsables » doivent en effet montrer patte blanche et multiplier les garanties ! Une bonne nouvelle bien sûr pour la clarté et la fiabilité des produits ISR, mais cette course à la transparence limite parfois la liberté (et l'audace) des investisseurs : les fonds commercialisés doivent avant tout être responsables, l'originalité et la diversité de l'allocation sont secondaires et parfois même sacrifiés. Les entreprises dans lesquelles les fonds ISR proposent aux épargnants d'investir doivent offrir avant toute chose une parfaite traçabilité de leur activité ! L'impératif de transparence oblige donc les fabricants de produits financiers à investir dans des entreprises elles-mêmes très contrôlées, dont les activités sont suffisamment connues et auditées pour garantir leur compatibilité avec les critères ISR : tout investissement malencontreux (dans une société plus polluante que prévu par exemple) d'un fonds se prétendant ISR serait du pain béni pour les ONG, à l'affût des promesses non tenues.

Cette course à la transparence génère de surcroît un effet pervers : la prime aux grosses sociétés ! Mieux encadrées, davantage auditées et plus finement contrôlées que les petites entreprises, elles ont la préférence des fonds se prétendant ISR et se voulant du même coup plus « transparents » ! L'analyse financière disponible est bien plus riche et variée que sur les petites sociétés : même en bourse, l'analyse financière et fondamentale des petites sociétés manque, ce qui dissuade les allocataires d'actifs de les intégrer à leurs fonds siglés ISR. L'exigence de transparence pousse donc les produits financiers « responsables » à privilégier parfois (trop souvent ?) les sociétés de grande taille. Un cercle vicieux et une injustice qui laissent certaines entreprises de plus petite taille au bord du chemin : elles ne bénéficient plus du financement des investisseurs qui leur préfèrent leurs grandes sœurs alors que l'engagement en faveur de l'environnement ne dépend, lui, en rien de la taille des acteurs.

Un marché très concentré

10 sociétés de gestion seulement se partagent la moitié des encours des 120 principaux fonds durables commercialisés en France : BNP Paribas AM, Amundi, Ostrum AM, LBPAM, Allianz GI, Pictet AM, Candriam, Aviva Investors, Nordea Investment Funds et OFI AM.

Cinq d'entre elles sont françaises, les autres européennes.

Source : Indicateur Novethic, au 30 juin 2020.

7

L'immobilier constructif et la terre

« L'arbre tordu vit sa vie tandis que l'arbre droit finit en planches. »

Proverbe chinois

L'immobilier est le placement préféré des Français, loin devant la Bourse et même l'assurance vie. Il attire l'épargne comme aucun autre produit : l'immobilier représente 55 % des 12 000 milliards d'euros de patrimoine brut des Français[1]. Les placements commercialisés auprès des Français ne deviendront davantage « responsables » ou protecteurs de l'environnement que si l'immobilier apporte sa pierre à l'édifice.

Or, en matière de pollution et d'empreinte carbone, l'immobilier reste un mauvais élève et va devoir multiplier les efforts. En France, le secteur du logement, à lui

1. Leur patrimoine financier atteignant, lui, péniblement 5 000 milliards d'euros.

seul, représente 27 % de l'empreinte carbone du pays, ce qui positionne le secteur du bâtiment au premier rang des secteurs émissifs en CO_2 devant les transports. Il faudra donc, d'urgence, verdir les placements immobiliers proposés aux particuliers !

Un secteur encore loin du compte

Par définition, l'immobilier dégrade les espaces naturels : c'est en construisant toujours plus que l'homme étend ses villes et contraint les ressources existantes. L'urbanisation rogne les espaces naturels et dégrade la qualité de l'air ambiant : à lui seul, le secteur du bâtiment représente aujourd'hui plus de 40 % de la consommation énergétique française et un quart des émissions de gaz à effet de serre ! À l'échelle mondiale, le constat est encore plus alarmant : si elles n'occupent que 2 % de la surface du globe, les villes émettent 80 % du CO_2 et représentent les deux tiers de la consommation mondiale d'énergie. Elles jouent aussi un rôle important dans la production de déchets, sans compter leur impact sur la biodiversité. La crise du coronavirus nous a d'ailleurs rappelé à quel point les villes, en temps normal, excluent et repoussent la faune : avec le confinement du printemps 2020 et la paralysie de l'activité urbaine, des sangliers sont réapparus dans certaines villes de l'agglomération parisienne, des biches ont arpenté des rues de la grande banlieue et des canards ont élu domicile place du Palais-Royal… Le bâtiment est, enfin, le plus gros consommateur mondial de sable : nécessaire à la composition du ciment, l'humanité en consomme l'équivalent de 18 kilogrammes par jour et par personne[2]. Autant de sablières naturelles vidées de leur substance, de lits de fleuves sablonneux évidés et appauvris.

« Verdir » les placements devra donc passer, aussi, par un verdissement des projets immobiliers dans lesquels chacun peut investir. De leur côté, les épargnants devront adopter un comportement exigeant, cohérent, et résoudre certaines contradictions : une même personne peut d'une part investir dans des produits en Bourse labellisés ISR voire Greenfin (pour protéger la planète), et d'autre part acquérir un pavillon neuf en zone péri-urbaine, aggravant de fait l'impact de l'étalement urbain sur la nature. Les maisons individuelles neuves dont rêvent encore de nombreux Français en quête d'espace étendent en réalité la ville aux dépens de la campagne : l'étalement érode des zones agricoles, des prairies naturelles, parfois des marécages. Les épargnants véritablement « responsables » devront mieux accorder leurs investissements immobiliers à la philosophie ISR ! Or, les prochaines années pourraient voir au contraire une poursuite de l'étalement urbain : le coronavirus et l'essor du télétravail convainquent certains Français de s'éloigner du cœur des grandes agglomérations au profit des deuxièmes et troisièmes périphéries.

L'étalement urbain, jusqu'où ?

Bien que l'objectif de limiter l'artificialisation des sols soit clairement annoncé depuis le Grenelle de l'environnement de

2. Programme des Nations unies pour l'Environnement (PNUE).

2007, puis réaffirmé dans le plan biodiversité de juillet 2018, celle-ci continue à progresser en France. L'artificialisation des sols concernait 9,4 % du territoire métropolitain en 2015, contre 8,3 % en 2006, soit une augmentation correspondant à la superficie d'un département moyen comme la Seine-et-Marne. L'artificialisation progresse plus vite que la démographie ou la croissance économique ! L'étalement urbain est aussi un facteur d'éloignement des individus entre eux et d'éloignement vis-à-vis des lieux d'embauche où le marché de l'emploi est le plus dynamique... Une bombe sociale, que le télétravail désamorcera sans doute à peine. Les Gilets jaunes ne sont-ils pas un symbole (de plus) d'une urbanisation mal contrôlée ? De plus en plus d'observateurs en prennent conscience. L'Agence France-Presse (AFP) et l'hebdomadaire *Le Point* dressaient en 2019 ce constat amer : « Loin des métropoles et de l'image idyllique des plus beaux villages de France, l'Hexagone est grignoté depuis le début des années 1970 par des lotissements pavillonnaires, des hyper- et supermarchés et des zones d'activités accessibles quasi exclusivement en voiture. "Comment la France est devenue moche", titrait, provocateur, *Télérama* en 2010. La population en zone périurbaine, dans l'extension des villes, est passée de 9,4 millions en 1968 à 15,3 millions en 2011, selon l'enquête "La question périurbaine". Soit près d'un quart des Français : des ouvriers, des employés et dans une moindre mesure des cadres. [...] L'étalement urbain est aussi synonyme du tout-voiture, indispensable pour faire ses courses ou organiser des sorties. » Bref, la ville à la campagne est parfois loin du paradis dont rêvent les citadins des grandes villes.

Les défenseurs de l'étalement ont aussi, bien sûr, des arguments de poids : pour eux, l'étalement permet d'abord de dédensifier les agglomérations. Paris est depuis des centaines d'années la ville la plus dense d'Europe, deux fois plus dense aussi que New York, et aussi dense que Mumbai ou New Delhi ! Étendre les villes permet de réduire cette densité excessive, en offrant de l'espace et de l'oxygène aux habitants. En réduisant la promiscuité, l'étalement urbain ralentit aussi la propagation des épidémies et donc réduit les risques de tomber malade ! Un argument de poids depuis la crise sanitaire de 2020 : la vitesse à laquelle le coronavirus s'est propagé rappelle aux populations citadines les effets néfastes de la vie « les uns sur les autres », sans possibilité de distanciation physique réelle. Un argument supplémentaire en faveur de l'étalement ! Face à la flambée des prix, il offre aussi aux ménages modestes (et aux familles) désireux de devenir propriétaires la possibilité de réaliser leur rêve en acquérant une maison et un jardin, alors que les prix des grandes villes sont devenus inaccessibles.

Mais face aux besoins accrus de logements en France, pourquoi ne pas bâtir la ville sur la ville, en hauteur plutôt qu'en l'étalant, afin de préserver la nature et de loger dans les centres de plus en plus d'habitants ? Si les grands centres urbains de France comptent des logements souvent trop petits, entassés, parfois invivables, pourquoi ne pas élever les immeubles afin de récupérer dans le ciel l'espace manquant au sol ? Quitte à renforcer l'offre de transports, l'élévation des logements (et la densification) sont selon ses défenseurs le plus beau cadeau que les villes puissent offrir à leurs espaces environnants pour les préserver de nouvelles constructions !

Le débat entre les partisans de la ville « debout » (dense et haute) et ceux de la ville « couchée » (étalée) se poursuivra probablement encore longtemps. À sa modeste échelle, l'épargnant en quête de sens, prompt à privilégier les produits financiers éco-responsables, devra aussi s'interroger sur l'impact de ses investissements immobiliers.

Retard parisien

Paris est l'une des capitales du monde les moins dynamiques sur le marché de la construction. Norbert Fanchon est le président du groupe Gambetta et spécialiste des logements aidés : « Paris a construit moins de logements en 2019 que l'agglomération de Tours par exemple : 500 logements neufs vendus pour 2,5 millions d'habitants, soit vingt fois moins que Tours Métropole ! »
En réalité, Paris construit moins de logements par habitant que toutes les autres métropoles du pays. Une des raisons de la flambée des prix immobiliers ces dernières années ?

De nouvelles villes gorgées de nature (des villes dites « utopiques ») commencent à pousser et pourraient aussi apporter une pierre utile pour un urbanisme plus vert, laissant toute leur place aux espaces naturels. Ces méga projets proposent des innovations ultratechnologiques au service de l'écologie et bien souvent dans le but de résoudre les problèmes que les autres villes ont causés.

« C'est le cas d'un *projet urbain* situé à côté de Liuzhou en Chine. Imaginé par l'architecte italien Stefano Boeri, ce projet, initié en 2017, a pour objectif de créer une ville-forêt ultra-écologique. Ce sont en tout 70 édifices recouverts de plantations et reliés par parcs et jardins sur les 175 hectares qui vont bientôt accueillir environ 30 000 habitants. Un système urbain qui sera en capacité d'être autonome en énergie verte via la géothermie et le solaire et qui pourra absorber, grâce à la végétation, 10 000 tonnes de CO_2 par an. Dans un pays où la pollution est un fléau dans de nombreuses villes, la construction de cette dernière est en partie réalisée pour absorber la pollution des villes voisines. À l'instar des villes nouvelles françaises, mais sous un aspect différent, cette dernière vient guérir celles qui l'entourent. Le projet de la ville-forêt de Liuzhou n'est pas unique au monde. C'est même la spécialité de l'architecte italien Stefano Boeri : le Mexique et l'Égypte s'apprêtent également à construire des super-villes écologiques et technologiques. Un engrenage semble donc s'être mis en place : la construction de nouvelles villes vertes est censée sauver l'état de la planète. Les entreprises privées se sont d'ailleurs emparées de la question : Toyota prévoit la construction d'une nouvelle ville au pied du mont Fuji au Japon, la "Woven City". Elle aussi très ambitieuse, cette nouvelle smart city est censée développer un modèle vertueux écologique. Cette recherche de la construction de la cité utopique qui résoudrait les maux de notre société, a rythmé l'imaginaire et les constructions humaines depuis la sédentarisation de l'homme. Pourtant, la construction de ces villes salvatrices pose question : dans une logique de maîtrise de l'étalement urbain, construire de nouvelles villes, autant écologiques qu'elles soient, est-il vraiment une solution idéale ?

La destinée utopique de ces villes est-elle encore d'actualité aujourd'hui et à quelle fin[3] ? »

Plus modestement en France, les *smart cities* proposent d'optimiser la consommation d'énergie au sein des villes : à Paris par exemple, la chaleur produite par un *data center* du treizième arrondissement chauffe à 27 degrés l'eau de la principale piscine du quartier. De même à New York, un immense quartier vient de sortir de terre, dans lequel la chaleur des tours de bureaux vient alimenter les logements environnants. Cependant, la plupart des technologies performantes font appel à des métaux rares : nous avons vu combien leur processus d'extraction peut, lui, se révéler néfaste pour l'environnement[4]…

Villes infinies

Dans le monde, le nombre d'habitants dans les villes aura doublé d'ici 2050 !
70 % de la population mondiale vivra en milieu urbain contre 50 % aujourd'hui.

Source : Étude ONU, département « affaires économiques et sociales », 2018.

3. Extrait de l'article « Quand les villes deviennent des pansements urbains », sur le blog « Demain la Ville » de la fondation Bouygues Immobilier, 17 février 2020.
4. Voir chapitre 2.

Une offre verte qui se structure

L'immobilier est donc au pied du mur : comment limiter la dégradation des espaces naturels ? Comment réduire son empreinte carbone ? Les technologies apporteront sans doute des solutions nouvelles et commencent déjà à changer la donne. L'usage accru du bois limite aussi peu à peu les besoins en sable et en énergie. Mais les bâtiments « vertueux » restent minoritaires : la plupart des logements dans le monde restent des passoires thermiques et la France ne fait toujours pas exception malgré les incitations aux travaux d'économie d'énergie.

Face à l'ampleur du chantier, les outils de financement de l'immobilier devront encourager les pratiques vertes et aider à limiter l'impact environnemental des constructions. Le plan de relance annoncé par le gouvernement en septembre 2020 devrait y aider, en consacrant une enveloppe record (7 milliards d'euros) à la rénovation énergétique des bâtiments[5]. Les placements immobiliers accessibles au grand public (SCPI, OPCI) s'engagent peu à peu. De plus en plus, ils se réclament à leur tour de l'investissement socialement responsable : les gestionnaires s'appliquent à intégrer des critères environnementaux, sociaux et de gouvernance (ESG) dans leur démarche. Selon les chiffres de l'OID (Observatoire de l'immobilier durable) pour 2019, 81 % des fonds non cotés OPCI grand public et SCPI indiquent l'application d'une politique ESG dans la gestion des actifs.

5. Sur les 7 milliards d'euros promis, 4 milliards seront consacrés à la rénovation énergétique des bâtiments publics (écoles, hôpitaux…) et plus de 2 milliards à celle des logements individuels.

58 % d'entre eux abordent le problème de l'énergie tandis que 32 % comportent un indicateur de suivi du volet confort et bien-être. Enfin, 23 % effectuent un suivi sur la question de l'éthique des affaires.

Ce n'est sans doute qu'un début : après trois années de travail acharné, les autorités ont enfin créé en juillet 2020 un label ISR adapté aux placements immobiliers. Sont éligibles au label « non seulement les fonds investissant dans les immeubles les plus modernes et performants, mais également les fonds investissant dans l'amélioration de la performance ESG des bâtiments en portefeuille », précise l'Association française de gestion. Huit indicateurs de *reporting* devront être publiés. Ce label pose donc un socle commun et doit permettre de limiter la pratique du *greenwashing*... À noter que depuis juin 2018, l'autre standard porté par le gouvernement, le label Greenfin, est également ouvert aux fonds immobiliers. L'offre verte commence donc à se structurer aussi pour la pierre ! Les labels décollent et devraient finir par orienter plus massivement l'épargne vers les placements immobiliers les plus protecteurs de l'environnement, ou les plus positifs pour la société et respectueux de leurs salariés. Les principes de l'investissement socialement responsable seront donc repris par un nombre croissant d'acteurs du secteur. L'Association française des sociétés de placement immobilier (Aspim) a également publié sa « Charte d'engagement en faveur du développement de la gestion ISR en immobilier ». Elle y donne quelques pistes aux professionnels du secteur. Ainsi pour le volet social, l'Aspim conseille aux sociétés d'investissement de financer des biens privilégiant « le confort et le bien-être des occupants ». Sont également évoqués les services rendus à la collectivité, comme l'ouverture de crèches, de parkings dédiés aux vélos ou de salles de sport. L'impact d'un immeuble sur l'environnement est, quant à lui, facilement quantifiable avec la mesure de l'émission de CO_2, de la consommation énergétique ou de la consommation d'eau. Avec des pistes aussi précises, les sociétés d'investissement (SCPI, OPCI…) peuvent donc cibler les produits qu'elles choisiront de financer et de commercialiser auprès du grand public.

Mais comment comparer les efforts des divers acteurs ? Actuellement, chacun mesure ses propres performances avec les instruments qu'il a lui-même choisis. Les épargnants privilégieront davantage encore l'immobilier « responsable » le jour où les produits seront notés, évalués et comparés sur la base d'outils d'analyse extra-financière exigeants. Si les labels marquent une nouvelle étape, les comparateurs vont plus loin et tentent de classer les SCPI selon leur engagement environnemental et social : le comparateur Deeptinvest examine par exemple près de 158 SCPI commercialisables sur le marché et les passe au crible des critères ISR. Il mesure l'impact environnemental des acteurs du bâti, mais aussi leur mode de gouvernance et leur approche sociale. Une initiative encourageante mais encore isolée : les comparateurs de la performance extra-financière des investissements immobiliers restent trop rares.

Le « carnet de santé » des logements

Un projet de loi présenté en juillet 2020 impose aux logements d'avoir, à partir de 2022, un carnet d'information

dès lors que des travaux énergétiques y ont été effectués. Il devra aussi être établi pour tout logement neuf.
Ce carnet d'information devra être rempli et régulièrement mis à jour par le propriétaire.
L'objectif est de mieux connaître l'état réel du parc français de logements, les travaux dont ils ont fait l'objet (ou pas) et d'encourager l'innovation.

Les SCPI ont une grande marge de progression !

L'« Homo urbanicus » les adore : elles sont le chouchou des particuliers pour investir dans l'immobilier. La collecte s'envole continûment : encore en hausse de 17 % en un an, elle a pour la première fois atteint 11,4 milliards d'euros en 2019. Les SCPI offrent en effet un levier d'action intéressant : leur rendement est l'un des plus attractifs du marché[6].

Toutefois, peu de SCPI répondent de façon satisfaisante aux critères ESG. Le baromètre Deeptinvest des SCPI montre l'ampleur de leur retard en matière de protection de l'environnement : 64 % des SCPI fiscales (celles offrant un avantage fiscal spécifique) n'appliquent pas de politiques visant à réduire systématiquement la consommation énergétique de leur patrimoine. Plus de 60 % des gestionnaires de SCPI n'ont pas non plus enclenché de politique pour sensibiliser les occupants (locataires) de leur patrimoine aux enjeux de développement durable. Or, même dans un bâtiment particulièrement économe en énergie, il est

6. Rendement brut de 4,4 % en moyenne ces dernières années, un peu moins en 2020 en raison de la crise.

reconnu que c'est l'usage et l'usager qui peuvent amplifier encore la performance globale du bâti…

Enfin, la biodiversité reste très clairement le parent pauvre dans l'immobilier (quelle que soit la nature du patrimoine détenu). 86 % des SCPI dites « de rendement » (celles promettant les meilleurs rendements aux investisseurs) n'ont pas de politique de protection de la biodiversité. « Et les quelques fonds qui affichent la mise en place d'une telle politique restent dans la symbolique avec par exemple l'installation de ruches sur les toitures des immeubles », précisent les auteurs du baromètre.

Les SCPI en retard sur les critères sociétaux

Sur 158 fonds immobiliers suivis, seuls 16 sont présidés par une femme.

La parité est un objectif encore plus éloigné au sein des conseils de surveillance : seuls 3 des 158 fonds suivis présentent un conseil de surveillance où la parité hommes/femmes est respectée. Et 6 fonds seulement ont une femme à leur tête.

Source : Baromètre Deeptinvest des SCPI 2019.

Pourtant, investir responsable est rentable !

Pour se développer davantage, l'immobilier « responsable » devra attirer les investisseurs et donc apporter les preuves de son efficacité financière. Comme en Bourse, les bonnes pratiques ne deviendront un réflexe que si elles se révèlent rentables. Or, l'amélioration des performances énergétiques des bâtiments suppose des coûts supplémentaires pour les gérants : les investissements de départ (et les coûts) pour mettre aux normes certains immeubles peuvent avoir un impact négatif en matière de rentabilité immédiate.

Mais ce coût sera très probablement comblé dans la durée ! La rénovation du patrimoine immobilier et la prise en compte dès leur conception des futures normes environnementales permettent d'augmenter la durabilité du bien et de limiter son vieillissement dans le temps. En prenant soin de ses locataires, en étant un membre actif de sa commune, l'immeuble aura un nombre de vacances locatives réduit ; il pourra même, en fonction des services, pratiquer un loyer plus élevé qu'un bien similaire ! Autant d'avantages aussi au moment de la cession. C'est tout le pari des rénovations énergétiques, et des investissements dans les bâtiments les plus respectueux de l'environnement : onéreux au départ, ils permettent au bâti de mieux vieillir et au propriétaire qui a financé les travaux ou l'achat de revendre à terme un bâtiment en meilleur état et respectant toutes les normes. Avec à la clé une probabilité accrue de réaliser des plus-values : investir « responsable » en immobilier peut donc s'avérer rentable ! Certes, un bien aux performances énergétiques améliorées n'apporte aucune garantie de plus-value, mais la rénovation permet à la revente d'éviter un risque de décote quasi certain si le bâtiment a mal vieilli, consommé trop d'énergie ou tout simplement s'il n'est plus assez agréable pour retenir ses locataires !

Investir « durable » en immobilier permet aussi parfois d'accroître son influence. Cédric Nicard est le directeur du développement d'Horizon AM ; pour lui, « mettre en place une démarche responsable et répondant aux enjeux locaux permet d'obtenir des facilités de la part des municipalités[7] ».

Enfin, ultime avantage du bâti « responsable » : tous les acteurs de l'immobilier savent désormais que les biens à haute qualité environnementale, consommant peu d'énergie, agréables (voire végétalisés) et sachant exploiter au mieux les ressources de la lumière naturelle, séduisent plus que les autres leurs occupants comme les acquéreurs. Bâtir un immeuble performant ou y investir à travers des SCPI est une bonne façon de sécuriser son investissement, car les locataires (ceux qui versent les loyers et délivrent le rendement) resteront probablement au-delà de la durée du bail prévu initialement. Plus le bâtiment est vertueux, agréable et faible en charges de fonctionnement (moins de besoins de chauffage ou de climatisation), plus les locataires en place auront envie d'y rester ! La performance énergétique des bâtiments doit être appréciée comme un outil de fidélisation des locataires, et donc de diminution des risques de vacance locative. Les SCPI s'engagent donc de plus en plus : Perial AM a créé il y a dix ans une SCPI intégrant la diminution des consommations d'énergie des immeubles à sa stratégie de gestion et d'acquisition, et s'engage aujourd'hui à améliorer les performances environnementales, sociétales et de gouvernance de l'ensemble des immeubles gérés par ses fonds immobiliers. De son côté, Kyaneos AM agit afin que 90 % des logements acquis acquièrent en douze mois un diagnostic de performance énergétique au-dessus de (ou égal à) la lettre D.

7. Cédric Nicard, interview dans le magazine *Investir Durable*, décembre-mars 2020.

Comme en Bourse, investir « responsable » en immobilier peut donc être rentable ! Cependant, certains segments du marché restent totalement étanches et insensibles aux enjeux « responsables ». De nombreuses villes du monde privilégient encore les constructions *low-cost* fortement émettrices de CO_2 : elles restent moins chères et parfois plus rapides à réaliser. Surtout, soyons lucides : l'absence de réglementation stricte (ou strictement appliquée) dans de nombreux pays laisse libre cours à tous les abus.

Les bonnes performances des SCPI « responsables »

– PFO2 : rendement 2019 de 4,61 %

Gérée par Périal, elle a été pionnière de l'ISR parmi les SCPI. Elle prend notamment en compte les critères énergétiques et de consommation d'eau. La société de gestion Périal est depuis 2017 signataire des Principes pour l'investissement responsable (PRI) établis par les Nations unies : dès sa première évaluation, la société a obtenu le score de A (le meilleur possible), ce qui démontre son implication dans le domaine de l'ISR.

– Kyaneos : rendement 2019 de 6,81 %

Gérée par Kyaneos Pierre, elle prend en compte le respect du locataire (bien-être, faibles charges, commodité) et la performance énergétique du bien. Les gérants se fixent comme objectif de détenir *a minima* 90 % de logements dont le diagnostic de performance énergétique est compris entre A et D. Kyaneos va chercher à augmenter son rendement financier en procédant à l'installation de panneaux photovoltaïques et en améliorant le confort des locataires pour diminuer le taux de vacance locative.

– Primovie : rendement 2019 de 4,51 %

Gérée par Primonial, elle est leader dans l'immobilier de la santé (clinique, maisons de retraite...) et de l'éducation (crèches, résidences étudiantes).
Sources : magazine *ID*, Patrimea.

Une réglementation bénéfique pour l'immobilier durable !

Elle est un instrument indispensable pour pousser les acteurs de l'immobilier à agir. Si un bon rendement des investissements est nécessaire, la contrainte réglementaire se révèle aussi utile pour aider les investisseurs, les promoteurs, les constructeurs à améliorer leurs pratiques. Les SIIC (sociétés d'investissement immobilier cotées) en apportent une illustration parfaite. Du fait d'une réglementation désormais claire, elles font presque toutes preuve d'engagement : en 2019, 94 % des rapports des SIIC mentionnaient une démarche ESG sur les actifs immobiliers ; 92 % des SIIC ont renseigné des objectifs et 83 % un plan d'action associé[8]. Il faut dire que les SIIC, contrairement aux sociétés de gestion en immobilier (SCPI par exemple), sont une majorité à devoir appliquer les obligations de *reporting* RSE induites par l'article 225 de la loi Grenelle II (12 juillet 2010) et par la directive européenne sur la déclaration de performance extra-financière.

La réglementation est donc un levier incontournable pour améliorer les pratiques ! Du côté de l'immobilier commercial, le décret tertiaire[9] pousse les acteurs à réduire la consommation énergétique des bâtiments de 40 %

8. Baromètre 2019 de l'immobilier durable OID.
9. Décret n° 2019-771, du 23 juillet 2019.

à l'horizon 2030, puis 50 % en 2040 et enfin 60 % en 2050[10]. Un agenda serré et contraignant !

La réglementation verdit aussi les logements : la loi de transition énergétique incite à rénover d'ici 2025 l'ensemble des bâtiments privés résidentiels dont la consommation en énergie primaire est supérieure à 330 kilowattheures[11].

Enfin les promoteurs n'auront bientôt plus le choix sur les chantiers conduits par l'État : à l'horizon 2022, les opérations des quatorze établissements publics d'aménagement devront intégrer au moins 50 % de matériaux bio-sourcés ou géo-sourcés (type bois, paille, chanvre ou terre crue). Et ce n'est pas tout : 20 % des espaces aménagés seront en outre réservés à la nature ou à la biodiversité... Un cap clair et contraignant, qui s'imposera par exemple à tous les aménagements prévus pour les Jeux olympiques de 2024 à Paris.

Le monde de l'immobilier est donc poussé comme jamais à améliorer ses pratiques en les mettant au service d'une meilleure protection de la planète et des locataires ou occupants des immeubles. Les choses semblent avancer, mais les épargnants qui investissent en immobilier gardent encore souvent de mauvais réflexes : ils privilégient encore rarement les placements immobiliers les plus responsables : les SCPI les plus responsables, les promoteurs les plus soucieux de la préservation de l'environnement. Comment inciter davantage les épargnants ? Certains acteurs proposent de créer un nouveau plan d'épargne. S'il voyait le jour, le

10. Ces objectifs sont contraignants pour les actifs de plus de 1 000 mètres carrés.

11. Ils correspondent aux bâtiments classés F ou G dans les diagnostics de performance énergétique.

PERU (Plan d'épargne pour la rénovation urbaine) pourrait encourager la conversion de bureaux en logements : grâce à l'argent collecté, les bureaux inoccupés ou peu rentables des grandes villes pourraient être plus souvent transformés en appartements afin de répondre aux importants besoins. Des projets capables d'augmenter l'offre immobilière, et peut-être de favoriser une baisse des prix des logements (enfin !) dans certains quartiers. L'idée fait son chemin, mais un tel mécanisme financier devra prouver son efficacité sur le terrain. De même, une incitation fiscale puissante et ciblée pourrait convaincre les acteurs immobiliers d'investir dans les bâtiments, fonds ou SCPI les plus responsables. Dans tous les cas, les épargnants devront être incités à investir dans l'immobilier « responsable » : quels que soient les choix à venir, un déploiement accéléré des labels et des notations (comme en Bourse !) les aiderait à s'y retrouver et donc à passer à l'acte.

Quels objectifs pour l'immobilier durable ?

Encourager les constructions propres est nécessaire. Les investissements (et l'argent des épargnants) doivent de plus en plus cibler les projets de bâtiments à faible consommation d'énergie (projets immobiliers en bois, incluant des « deuxièmes peaux », etc.). Les investisseurs doivent aussi prendre en compte les chantiers : avant la livraison des bâtiments, les chantiers eux-mêmes sont susceptibles d'impacter l'environnement en produisant des déchets nuisibles. Les chantiers produisent 245 millions de tonnes de déchets par an, devant la plupart des autres activités économiques ! Ils dégradent aussi la qualité de l'air ambiant. Pour bien choisir leurs placements immobiliers, les investisseurs « responsables » devront donc aussi prendre en compte l'impact environnemental des travaux réalisés avant toute livraison de bâtiment. Les placements immobiliers « responsables » doivent proposer aux épargnants des projets à l'impact maîtrisé de la conception à la fin de vie du bâti !

Cependant il faut aller beaucoup plus loin et agir plus profondément ! La construction de biens neufs « bas carbone » est utile, mais ne suffira pas à améliorer les performances globales du parc immobilier. Le neuf ne constitue que la face émergée de l'immense iceberg foncier : la face immergée et la plus profonde, c'est l'ancien ! L'immense majorité des logements et bureaux en France a largement plus de trente ans ! Multiplier les exigences sur les immeubles neufs est donc utile mais ne permettra pas de réduire massivement l'impact du parc immobilier sur l'environnement. Il faudra bien qu'à terme l'ensemble du parc (y compris l'ancien !) parvienne à réduire sa consommation d'énergie : les incitations pour rénover les vieux immeubles se multiplient déjà, mais les placements proposent encore trop rarement aux épargnants de financer ces projets. Un chantier de plus pour les investisseurs, et pour les fabricants de placements financiers indexés à l'immobilier.

Si la qualité du projet est importante, celle du gestionnaire de patrimoine (les gestionnaires de SCPI, d'OPCI...) l'est aussi. Pour privilégier les SCPI « responsables », les épargnants doivent donc vérifier si le gestionnaire prend systématiquement en compte les critères ESG dans le cadre de ses investissements. Ledit gestionnaire de SCPI doit au maximum sensibiliser les occupants (les locataires) des bâtiments dont il a la charge. Les SCPI sensibilisent déjà de plus en plus leurs locataires aux enjeux ISR afin d'optimiser l'usage des immeubles, mais le chemin reste long : pour rappel, près de 60 % du marché[12] n'a toujours pas adopté de stratégie de sensibilisation aux thématiques de durabilité auprès des locataires…

L'offensive Nexity

Le leader de la promotion immobilière en France entend réduire d'ici 2030 son empreinte carbone de 21 à 35 % et construire sur des sols déjà imperméabilisés. Nexity présentait aussi en 2019 l'émission d'une obligation verte – *green bond* – de 240 millions d'euros comme « le premier emprunt vert émis par un promoteur en France ». Inédite en effet pour un promoteur, mais pas pour l'ensemble du secteur de l'immobilier : la foncière Icade avait par exemple émis une obligation verte dès 2017.

Double-Face

Protéger l'environnement n'est pas l'unique défi du monde immobilier. Si l'amélioration du bâti permet de limiter les émissions de CO_2, la « montée en gamme » des immeubles entraîne aussi des effets indésirables : la hausse des coûts de construction renchérit les prix proposés aux acquéreurs particuliers, et les loyers demandés aux

12. Baromètre Deeptinvest des SCPI 2019.

locataires. Entre l'explosion des prix des terrains et le coût grandissant des matériaux de construction (bois haut de gamme, façades et toits photovoltaïques, etc.), la possibilité d'offrir au plus grand nombre des logements à la fois écologiques et abordables reste limitée. Lorsque les investisseurs immobiliers soutiennent l'environnement, les conséquences sociales se révèlent parfois néfastes : les biens « vertueux » mis en vente atteignent parfois des prix eux aussi très « premium », que seul un investissement de longue durée permettra d'amortir. « La nature ne veut pas le bonheur[13] » !

Certains organismes sociaux parviennent quand même à limiter les prix, tout en proposant des biens désormais peu énergivores. De même, des solutions nouvelles émergent pour rendre les logements propres plus abordables : la ville de Paris expérimente par exemple la séparation du prix des terrains de celle du bâti, afin de garantir un parc neuf encore accessible aux classes moyennes. On le voit : immobilier « propre » et immobilier « accessible » sont conciliables, mais au prix de circonvolutions administratives ou auprès d'acteurs très spécialisés.

Ce n'est pas tout! Les placements « responsables » doivent résoudre une autre difficulté : si la performance énergétique des bâtiments est un point facile à mesurer, le bien-être et le confort des occupants ou locataires sont plus difficiles à quantifier. Des initiatives émergent tout de même pour permettre aux investisseurs de financer l'accès aux logements, la sécurité des occupants ou les mobilités douces. Des placements tournés vers le financement de logements sociaux se développent : des fonds solidaires

13. Maurice MAETERLINCK, *La vie des termites*, 1926.

investissent par exemple une partie de leurs encours (10 %) dans des entreprises soutenant l'habitat social ou le logement des plus démunis. Certains fonds solidaires reversent même une partie de leurs revenus à des entreprises utiles ou des organismes d'action sociale.

Le magazine trimestriel *Investir Durable* et Novafi livrent les noms de fonds immobiliers engagés : « Certains investissent 10 % de leurs encours tout en reversant une partie de leurs revenus : c'est le cas du fonds Agir avec la fondation Abbé Pierre, pour qui 50 % des revenus annuels du fonds sont reversés à la fondation (en plus des 10 % investis dans le domaine du logement social). Enfin Mandarine Capital Solidaire va lui encore plus loin, mais au prix d'un risque plus élevé. Il s'agit d'un fonds commun de placement à risque investissant au minimum 40 % de ses actifs en titres d'entreprises solidaires. »

Exemples de fonds solidaires favorisant l'accès au logement :

Société de Gestion	Nom du fonds	Durée placement recommandée	Risque	Perf 10/2019
Amundi	Solidarité – Habitat et humanisme	10 ans	3	4,46 %
Ecofi	Agir avec la fondation Abbé Pierre	2 ans	2	2,66 %
Mandarine Gestion	FCPR Mandarine Capital Solidaire	8 ans	7	-2,65 %

Source : magazine *Investir Durable*, 4e numéro, décembre-mars 2020.

Le « Pinel » : une aide sociale au logement !

L'image du propriétaire-bailleur face au locataire est longtemps restée très négative. Pourtant, aujourd'hui, c'est grâce aux investisseurs locatifs que des milliers de logements neufs ont pu se construire, que des millions de ménages peuvent se loger à moindre coût. Et notamment grâce à l'investissement en loi Pinel !

Ce dispositif créé en 2014 permet aux bailleurs de financer la construction de logements dits « intermédiaires ». Les bailleurs louent en effet leur bien à des ménages aux revenus modestes ou modérés : les loyers sont plafonnés, afin d'encourager le logement des classes moyennes au cœur des zones tendues. Le Pinel est donc le dispositif éthique le plus populaire sur le marché immobilier depuis des années. En contrepartie des loyers plafonnés (et du rendement faible), l'investisseur bénéficie de réductions d'impôts : 12 % pour un engagement de location de six ans, 18 % pour neuf ans et 21 % pour douze ans.

Prudence cependant face à certains produits : avant d'acquérir un bien dans le cadre du dispositif « Pinel », vous devez être certains de trouver de futurs locataires. La défiscalisation démarre en effet seulement au premier jour du bail et non à la date d'achat du bien : tant que vous n'avez pas trouvé de locataires, vous remboursez votre crédit sans encaisser le moindre loyer et sans bénéficier de la réduction d'impôt adossée au dispositif. Quitte à y investir, privilégiez les programmes Pinel situés dans les zones tendues, les grandes agglomérations, et évitez les villes moyennes ou petites où le risque de vacance locative est parfois plus prononcé…

Acheter en démembrement est un acte solidaire !

C'est l'autre investissement éthique dans l'immobilier neuf : le démembrement de propriété. Il s'agit de réaliser un investissement locatif, le plus souvent en usufruit locatif social (ULS). Concrètement, l'investisseur solidaire achète la nue-propriété d'un logement neuf, quand l'usufruit de ce bien est réservé à un bailleur institutionnel ou social pour une durée entre quinze et vingt ans. Durant quinze années minimum, ce logement est alors mis en location à des locataires sous conditions de ressources.

Vous ne percevez pendant ce délai (quinze ans minimum) aucun revenu locatif. Un sacrifice, qui justifie la décote de 20 à 40 % à l'achat, mais aussi des frais de notaire réduits ! Au bout du délai (fin du démembrement), vous récupérez le bien en pleine propriété et pouvez en jouir comme bon vous semble : vous y installer, le mettre en location, percevoir des loyers, etc. Vous vous êtes ainsi constitué un patrimoine à moindres frais : vous avez acheté le bien jusqu'à 40 % moins cher et pouvez le revendre au bout de quinze à vingt ans à sa pleine valeur. Un exemple de plus qu'être solidaire en immobilier peut être un choix foncièrement gagnant !

Les particuliers doivent-ils se lancer dans des travaux de rénovation énergétique ?

De nombreux outils permettent donc de verdir vos placements immobiliers ou de les rendre plus solidaires et éthiques. Mais chacun de nous peut agir encore plus directement : de chez lui, en transformant son propre logement ! Les travaux de rénovation énergétique sont en effet toujours rentables pour l'environnement et peuvent l'être aussi pour le propriétaire : plus un logement ancien affiche de bonnes performances énergétiques (lettres A à C sur les diagnostics de performance énergétique), plus il se revendra cher et augmentera vos chances de réaliser une plus-value ! Selon une étude des notaires de France publiée en 2019, les maisons anciennes qui arborent un A ou un B sur leur diagnostic de performance énergétique (DPE) se vendent, selon les régions, de 5 à 11 % plus cher que celles qui sont classées D. À l'inverse, les passoires thermiques voient leur prix chuter : les maisons plombées par un F ou un G voient en effet leur valeur chuter de 6 à 19 % (toujours par rapport à une maison de classe D).

Et du côté des appartements ? Ici en revanche, pas de décote pour les « passoires thermiques », car les appartements sont souvent situés dans des secteurs tendus : les candidats à l'achat y sont si nombreux que le DPE impacte moins le prix auquel vous revendrez votre bien. Quelles que soient ses performances, vous trouverez toujours un acquéreur… Les appartements vertueux (classés A ou B) bénéficient au contraire d'une vraie valeur verte ! Ils valent plus cher que les biens en catégorie D pratiquement partout en France, avec des primes qui varient de 5 % (Centre-Val-de-Loire) à 15 % (Occitanie, Normandie) !

La plus-value (au moment de revendre) n'est jamais garantie et dépendra bien sûr des qualités du bien. Mais les travaux de rénovation énergétique contribueront à valoriser votre patrimoine immobilier et, au pire, à limiter les éventuels risques de moins-value. De quoi inciter les particuliers à se lancer, d'autant que des incitations existent ! Par exemple, la MaPrimeRénov offre aux particuliers ni plus ni moins qu'une somme d'argent versée par l'État, sous la forme d'une prime pouvant financer une partie du coût des travaux (jusqu'à 90 % de leur coût selon une version initiale du projet de loi). Si cette prime n'est plus soumise à conditions de ressources depuis 2021, le montant des aides en revanche en dépend. Pour en bénéficier, vous devez faire appel à une entreprise « reconnue garant de l'environnement » (RGE). En pratique, vous devez déposer votre dossier en amont des travaux sur le site *www.maprimerenov.gouv.fr*, avec les devis des artisans. Une fois la demande finalisée, un instructeur de l'Anah vérifie le dossier et valide le montant de l'aide. Une fois l'accord reçu par mail, les travaux peuvent démarrer. Lorsqu'ils sont terminés, il faut payer les artisans et transmettre la (les) facture(s) à l'Anah, qui verse alors la prime.

La valorisation du bien éponge-t-elle également le coût des travaux ? Pour les particuliers, la perspective de plus-value compense-t-elle les dépenses nécessaires pour de telles rénovations ? Ceux qui se sont lancés peuvent en témoigner : le coût des travaux d'amélioration énergétique est hélas souvent supérieur à la plus-value générée… Pierre Chevillard est le rédacteur en chef pour les publications immobilières de *pap.fr* : « Pour gagner une classe sur le diagnostic de performance énergétique en maison, passer par exemple de la catégorie C à B, il faut souvent dépenser dans les 15 000 €. Et gagner, non pas une, mais trois classes (passer de F à C par exemple) coûte dans les 50 000 euros !

Même en tenant compte de la plus-value, les rénovations énergétiques se révèlent rarement rentables. »

Les bailleurs sous pression

À partir de 2023, les biens mis en location devront respecter certaines conditions : ils devront consommer moins de 330 kWh/m²/an, ce qui exclura du marché locatif les biens étiquetés F et G.
Une incitation de plus à poursuivre les travaux de rénovation énergétique et à améliorer la qualité du bâti !

Des solutions existent pourtant. Le spécialiste recommande de mener à la fois une rénovation énergétique et l'agrandissement de votre logement, seul moyen de maximiser l'éventuelle plus-value car vous revendrez un bien plus grand qu'avant les travaux de sorte que le rapport entre le coût des travaux et la valeur future du bien s'améliore ! Cependant, si agrandir une maison est facile, agrandir un appartement l'est beaucoup moins… En collectif, de surcroît, gagner plusieurs classes sur le diagnostic de performance énergétique passe par une rénovation globale de l'immeuble : un défi technique et financier qui doit être avalisé par l'assemblée générale des copropriétaires. Une gageure, même si les règles de vote en AG récemment modifiées pourraient faciliter les prises de décision (l'article 215 de la loi ELAN allège les contraintes de majorité pour le vote de nombreuses dispositions).

Les bienfaits du *coliving*

C'est la nouvelle trouvaille du monde immobilier : le *coliving* permet de vivre à la fois seul et à plusieurs. Vous ne partagez que les pièces communes (cuisine, terrasses, salon), mais chacun garde sa chambre, sa salle de bain et ses sanitaires. Le *coliving* se veut donc bien plus confortable que la traditionnelle colocation ! Il n'y a pas de queue pour accéder à la douche et chacun, d'une certaine façon, continue de vivre chez soi : une vie de village en quelque sorte.

En quoi le *coliving* est-il « responsable », utile pour la société et l'environnement ? Il a en réalité un triple impact : un impact social, territorial et environnemental. Social, car il répond au défi de la pénurie de logements en permettant à plus de personnes d'accéder au logement. À surface égale en effet, les loyers sont 20 % inférieurs à ceux d'une location classique. Territorial, car cela permet donc de vivre dans de plus grandes surfaces ou plus proche des centres-villes : tous les actifs seront intéressés alors que beaucoup d'entre eux n'arrivent plus à se loger dans les quartiers des grandes villes devenus trop chers. Les étudiants y trouveront aussi leur compte, ainsi que les futurs retraités : s'installer en *coliving* permet de ne pas vieillir seul, dans la mesure où vous partagez les espaces communs avec d'autres. Au total donc, le *coliving* apporte une réponse aux enjeux sociaux, générationnels et territoriaux (pour redynamiser les centres-villes). Il répond aussi aux défis environnementaux car les ressources énergétiques sont mutualisées.

La rentabilité est-elle au rendez-vous ? Pour les épargnants, placer de l'argent dans le *coliving* semble en effet un bon pari financier : dans les métropoles comme le Grand Paris, une rentabilité nette comprise entre 4 et 8 % est parfois envisageable, contre un rendement moyen brut dans les locations classiques de l'ordre de 3,5 % à Paris, de 4 % à Lyon et Bordeaux et 5 % à Marseille.

Les forêts, pour oxygéner vos placements !

Si le secteur du bâtiment se transforme peu à peu, le marché foncier offre aux épargnants encore plus d'outils au service du bien commun ! Investir dans les forêts permet d'enraciner son patrimoine et de soutenir le déploiement forestier du pays. Y investir, c'est en effet protéger une bonne partie du territoire de la France : la forêt recouvre aujourd'hui 31 % de la surface de notre pays, un chiffre en progression de 0,7 % par an depuis 1980. La France possède désormais la troisième plus importante surface forestière d'Europe ! Y investir permet aussi d'entretenir des emplois et donc de soutenir le tissu économique et social : en France, quelque 440 000 emplois (soit un emploi sur 58) sont liés de près ou de loin à l'industrie du bois ! Et ces emplois, en grande majorité, ne sont pas délocalisables.

Enfin, quels investissements peuvent se prétendre aussi proches de la nature que les forêts ? Et lesquels savent piéger autant de CO_2 que les forêts ? La capacité d'absorption annuelle de carbone des forêts françaises est estimée à 70 millions de tonnes équivalent CO_2, soit 15 % des émissions françaises de gaz à effet de serre stockées ! À titre d'exemple, un arbre de 5 m^3 peut absorber l'équivalent de

5 tonnes de CO_2. Cela correspond aux émissions de cinq vols aller-retour entre Paris et New York[14] !

L'arbre qui cache la forêt

Le carbone dans les forêts se trouve non seulement dans la biomasse vivante (plantes, feuilles, troncs, racines), mais aussi dans la biomasse morte au sol (litière, etc.) et dans le sol.

Le stock de carbone conservé par la matière vivante de la forêt s'élève donc à 8 milliards de tonnes équivalent CO_2, ce qui fait de la forêt le deuxième plus grand puits de carbone de la planète, juste derrière les océans.

Pour investir dans les forêts, les épargnants peuvent placer leur argent dans des Groupements fonciers forestiers (GFF). Ils sont distribués par les réseaux bancaires ou les sites en ligne spécialisés comme *france-valley.com*, *groupementforestier.com*, Domaines et patrimoine, *foret-patrimoine.com*, entre autres. Les GFF permettent même aux néophytes d'acheter des parts de forêts (un peu comme des SCPI), et d'en percevoir un rendement régulier. En moyenne, l'investissement rapporte 2 à 2,5 % par an (grâce à la valorisation des terrains) et les perspectives de plus-values dans la durée restent importantes.

Car l'exploitation des forêts (qui génère le rendement) est amenée à croître : le bois est un véritable couteau suisse, il permet de fabriquer des parquets, des tonneaux, des lambris, des charpentes, des emballages, du carton, des bouchons ou

14. ONF.

encore des violons… Le secteur de la construction l'utilise de plus en plus pour bâtir des immeubles bas carbone, et même des gratte-ciel en bois désormais ! Le village olympique de Paris 2024 sera lui aussi construit pour plus de moitié en bois (dont la moitié devra être d'origine française). Un vivier d'emploi et une filière d'avenir pour la construction ! Y investir sera donc de plus en plus rentable à mesure que les besoins en bois augmenteront.

En plus, les GFV sont accessibles à tous pour à peine quelques centaines d'euros et permettent d'éponger vos impôts ! Ils permettent de réduire votre impôt sur le revenu de 18 % des montants investis, dans la limite d'une souscription de 50 000 euros pour un célibataire et 100 000 euros pour un couple, soit une réduction d'impôt de 9 000 et 18 000 euros, soumise au plafonnement global des niches fiscales de 10 000 euros. Les plus-values sont même exonérées si vous revendez après vingt-deux ans de détention, sans oublier l'impôt sur la fortune immobilière (IFI) diminué et de moindres droits de transmission : la forêt est un bouclier fiscal particulièrement protecteur.

N'y a-t-il pas néanmoins une opposition entre une exploitation « productiviste » des forêts, avec une diminution de la biodiversité, et une exploitation réellement écologique des milieux forestiers ? De plus en plus d'acteurs conseillent d'investir dans les GFV gérant des essences d'arbres variées afin non seulement de soutenir la biodiversité, mais aussi de limiter les risques liés à votre investissement. La forêt reste en effet épineuse : les tempêtes détruisent des forêts chaque année, comme les incendies et les maladies. « Sur 5,5 millions d'hectares en France, seuls 600 000 sont assurés », met en garde Arnaud Filhol, directeur général de France Valley. Pour limiter les risques, il suffit de diversifier les essences dans lesquelles vous investissez : « Mêlez feuillus et résineux, insiste France Valley, car ils ne partagent pas les mêmes faiblesses et ne succombent pas aux mêmes maladies… » Les forêts du Jura et des Vosges comptent parmi les plus diversifiées. Varier les essences, pour préserver l'avenir.

Les vignes, un choix foncièrement responsable ?

Vous pouvez aussi aider le monde rural en achetant des parcelles viticoles. Vous participez ainsi à la solidité financière des parcelles et de leurs exploitants, et soutiendrez ainsi le travail de nos vignes. Un appui nécessaire à notre agriculture alors que la concurrence est grande (et mondiale) entre acteurs du vin, et face aux investisseurs étrangers (et notamment asiatiques) de plus en plus nombreux à acquérir nos domaines. En investissant lui aussi dans les parcelles, l'épargnant participe à la souveraineté économique et au confort financier de la filière !

Les passionnés pourront investir à travers les Groupements fonciers viticoles (GFV) : ce sont des produits financiers (type SCPI) accessibles à partir de 10 000 euros d'investissement. Ils délivrent un rendement faible, régulier, issu des gains liés à l'exploitation de la parcelle. Le rendement moyen ne dépasse néanmoins pas 2 % : le vrai charme du GFV réside plutôt dans la possibilité de toucher vos dividendes en nature, c'est-à-dire en bouteilles !

Les GFV n'ont pas un grand intérêt fiscal, mais certaines astuces permettent quand même de limiter la douloureuse : vous pourrez bénéficier du régime micro-foncier si vous disposez de moins de 15 000 euros de revenus fonciers par an. Vous obtiendrez alors l'application d'une déduction forfaitaire de 30 % sur vos loyers perçus ! Si vous n'êtes pas éligible au micro-foncier, vos revenus suivront les règles classiques d'imposition : ils seront taxés à l'impôt sur le revenu et aux prélèvements sociaux. Néanmoins les intérêts d'emprunt seront, comme dans l'immobilier classique, déductibles de vos revenus fonciers.

Les GFV permettent surtout de réduire votre IFI. La valeur des parts de GFV est exonérée d'IFI à hauteur de 75 % dans la limite de 101 897 euros. Au-delà de ce seuil, cette exonération ne concerne plus que 50 % de leur valeur. Autrement dit, un investisseur qui possède 100 000 euros de parts de GFV n'est imposable à l'IFI que sur 25 000 euros ! Sur les mutations à titre gratuit (donations et successions), les parts de GFV sont exonérées de droits à hauteur de 75 % dans la limite de 300 000 euros. Au-delà de ce seuil, cette exonération n'est plus que de 50 %.

Des placements viticoles et solidaires !

L'argent des épargnants sera utile à certains exploitants et particulièrement à ceux qui se lancent tout juste dans la viticulture : les premières années, les domaines viticoles réalisent systématiquement des pertes d'exploitation. Dans certains cas, les pertes sont équivalentes au coût de la propriété et l'équilibre n'arrive qu'à la cinquième année d'exploitation !

Conclusion

« Lorsque le vent souffle, certains construisent des murs ; d'autres bâtissent des moulins[1]. » Voudrons-nous perpétuer le monde d'avant (celui du pétrole, des industries et autres activités polluantes...) ou serons-nous capables de tirer les leçons de nos angoisses pour réinventer la croissance et la rendre plus durable ? De plus en plus, les opinions publiques veulent les deux à la fois : la poursuite de la croissance, pour profiter de ses bienfaits, et la sauvegarde de la planète ; la quête du profit personnel et d'un plus grand confort, et une promesse d'altruisme collectif.

Cette injonction contradictoire est-elle tenable ? Notre génération parviendra-t-elle à marier le yin et le yang ? Il semble qu'une réponse optimiste puisse enfin être apportée : les investissements « responsables » démontrent qu'il devient possible d'allier l'utilité sociale et la rentabilité financière, la vertu des investissements à l'intérêt pécuniaire de ceux qui s'y engagent. Face à la crise sanitaire du coronavirus, les entreprises dont la gouvernance apparaît respectueuse des salariés et transparente s'en sont mieux sorties que les autres. En Bourse, ces sociétés ont mieux résisté au krach :

1. Proverbe chinois.

à la faveur de cette crise, les enjeux de gouvernance sont donc revenus sur le devant de la scène et ont été un facteur de valorisation majeur des actifs. Les épargnants qui avaient investi dans des fonds ou des placements « responsables » sont sortis presque sans égratignures du choc économique…

Les investissements durables apportent donc une solution encourageante : l'efficacité extra-financière n'obère plus la croissance des rendements financiers. Ces nouveaux investissements irriguent désormais presque tout le panorama des placements : les leviers réglementaires et fiscaux sont de plus en plus incitatifs et en accroîtront probablement encore la commercialisation et le succès ! En France, les investisseurs institutionnels (banques, assureurs, etc.) doivent désormais rendre compte chaque année de la façon dont ils prennent en compte les critères environnementaux et sociaux dans leurs investissements, identifier leurs risques climatiques et indiquer les efforts mis en œuvre pour la transition écologique. Ils sont donc désormais tenus de publier avec transparence l'intégration des critères « responsables » dans leurs opérations d'investissement. De son côté, la Loi Pacte introduit l'obligation pour tous les contrats d'assurance vie de proposer au moins une unité de compte labellisée ISR, Greenfin ou solidaire. Et même l'immobilier a désormais son label ISR ! Une véritable « lame de fonds », au sens « propre ».

Les placements verts, éthiques et « responsables » sont si prometteurs que les États tentent à leur tour d'y asseoir leur leadership. La France ne cache plus son ambition : elle compte devenir l'épicentre de la finance verte mondiale ! Paris espère ainsi rattraper une partie de son retard sur les autres grandes places financières (la City de Londres et Wall

Street). Une lutte d'influence et une bataille stratégique pour lesquelles notre pays est en effet particulièrement bien positionné. Les réglementations françaises sont souvent en avance sur celles des autres pays : l'article de loi de 2015 (article 173 de la loi TEE) constitua par exemple une première mondiale. Il fut le tout premier dans le monde à inciter les grands investisseurs à publier le caractère ESG de leurs activités. Les gérants français sont aussi à la fête : nos sociétés de gestion ont obtenu plus de la moitié des récompenses attribuées par le CDP sur l'impact climatique des fonds d'investissement en actions. Un leadership (et une exemplarité) que les autorités comptent continuer à encourager. L'Europe avance aussi. Un éco-label européen devrait surgir dans les prochaines années pour renforcer le pouvoir d'attraction des investissements verts.

Si l'ère des placements responsables semble donc à peine débuter, tous les acteurs économiques seront amenés à s'y adapter : les entreprises qui souhaitent attirer les investisseurs doivent d'ores et déjà orienter leur activité dans un sens compatible avec les nouveaux critères. De plus en plus, elles doivent démontrer que leur activité est compatible avec les critères « responsables », avec la planète et avec les besoins de la société. Pour les gérants de portefeuilles et les conseillers financiers, il est de plus en plus évident qu'une entreprise sous-performante en la matière verra au contraire sa valeur sur le marché diminuer et sera donc moins attractive… Ce nouveau vent dominant incite les acteurs à bouger.

La finance solidaire sera-t-elle un accoucheur du monde d'après ? L'engagement des leaders de la finance mondiale devrait en effet aider à transformer l'économie et les objectifs des entreprises. BlackRock, le leader mondial de la gestion d'actifs, assume de plus en plus son engagement en faveur des investissements « responsables » et des entreprises engagées. BlackRock a par exemple voté en 2020 contre le renouvellement des dirigeants de 53 entreprises dont il est actionnaire car ils ne soutiennent pas les mesures en faveur de l'environnement qui leur sont proposées... C'est le cas chez Daimler, Peabody Energy et Fotrum[2]... 244 autres entreprises sont sous surveillance et risquent des mesures similaires, et 191 autres pourraient subir le même sort dans le courant de l'année 2021 si elles ne prennent pas des mesures significatives en faveur de l'environnement. Peu à peu, grâce à l'engagement de ses principaux acteurs, la finance impose une réglementation « verte » et tacite aux entreprises dans lesquelles elle investit !

Mais les choix des épargnants pèseront encore plus que ceux de BlackRock ! Frédéric Tiberghien est le président de Finansol : « Plus que jamais, pour les aider à passer le cap de la récession et du coronavirus, les entreprises solidaires ont besoin du soutien d'épargnants engagés et patients. [...] Les chiffres exceptionnels de la collecte solidaire doivent nous faire prendre conscience que le monde d'hier est bel et bien derrière nous, et que le monde que nous devons construire après cette terrible crise sera solidaire ou ne sera pas. »

N'oublions pas les citoyens ! Si la sauvegarde de la nature devient l'objectif principal de nombreux placements, la recherche de meilleurs équilibres sociaux doit aussi être prise en compte ! Or, investir « vert » n'a-t-il pas des effets sociaux pervers ? Les meilleures entreprises pour l'environnement accélèrent la transition et donc aussi les

2. Voir chapitre 1.

destructions d'emplois au sein d'industries inadaptées, vieillissantes et polluantes. Sans doute s'agit-il du prix de la transition environnementale, mais il faudra en adoucir les effets sociaux indésirables[3]. « La nature ne veut pas le bonheur » : les investisseurs « responsables » ne devraient-ils pas choisir leurs placements en tenant compte aussi des effets indésirés de la transition ? La notation (et la labellisation) des placements « responsables » ne pourrait-elle pas systématiquement prendre en compte à la fois l'impact social, sociétal et environnemental des stratégies menées ?

Les placements verts ont donc aussi leurs revers : la lutte contre le réchauffement climatique ne peut pas devenir l'unique cap des investisseurs. D'autant que les leurres sont nombreux : les énergies dites « propres » le sont-elles réellement ? Les éoliennes brassent le vent mais cassent les paysages (les éoliennes poussent désormais à l'entrée immédiate de parcs naturels protégés), mettent sous tension les ressources et polluent les rivières[4]... Sur ce point aussi la réglementation devra veiller au grain. Il faudra sans doute poursuivre l'exploitation des terres rares et des ressources minières de façon plus écologique, en s'en donnant les moyens technologiques et économiques, c'est-à-dire à travers des financements et des innovations. La Chine, premier exploitant de terres rares au monde, y est-elle prête ? Et nous : serions-nous prêts à creuser le sol français ou européen pour donner un avenir aux techniques

3. Faute de quoi les troubles politiques pourraient se multiplier : l'angoisse des classes moyennes pourrait finir par fragiliser les démocraties libérales ; toute révolution technologique entraîne des réactions hostiles d'une partie de la population et parfois une volonté de s'en affranchir.
4. Voir chapitre 2.

d'extraction les plus respectueuses de l'environnement, mais qui sont plus coûteuses ? Une carrière restera une carrière et les paysages seraient quand même impactés : les électeurs français l'accepteraient-ils ? Les paradoxes des investissements durables ouvrent donc un champ de questions impressionnant. L'hydrogène nous en libérera-t-il un jour et rendra-t-il aux investissements « propres » leurs lettres de noblesse ?

En attendant, les paradoxes continuent de s'additionner. Même les labels certifiant la qualité des placements « responsables » sont imparfaits. Les choses avancent[5], la finance responsable se constitue rapidement, mais elle n'a pas encore atteint son point de maturité. Il faudra encourager la poursuite des immenses efforts entrepris par les professionnels ! Sénèque écrivait qu'« il n'y a pas de vent favorable à celui qui ne sait pas où il va » : le vent de l'écologie dans les voiles, les acteurs financiers amélioreront encore l'offre de placements si la réglementation et les épargnants continuent de les y inciter...

Les épargnants pourraient-ils taper du poing sur la table et provoquer une nouvelle accélération ? De fait (et malgré leur succès), les placements « responsables » passent encore à côté de leur véritable potentiel : le nombre de particuliers souscrivant des produits verts ou ISR reste finalement extrêmement faible. À peine 5 % des Français disent avoir déjà investi dans un fonds ISR ! C'est effectivement un gâchis lorsqu'on compare ces sommes aux montagnes d'épargne des Français : celles-ci représentent plus de 5 000 milliards

5. Depuis octobre 2020, le label ISR intègre davantage l'impact réel (sur l'environnement et la société) des entreprises détenues dans les portefeuilles d'actifs. Un tout premier pas dont l'efficacité devra être mesurée...

d'euros[6] ! L'essentiel de l'épargne reste placé sur les fonds euros et les comptes courants, c'est-à-dire sur des produits dénués d'objectifs environnementaux ou sociaux[7]. En comparaison, les produits « responsables » paraissent encore minuscules : malgré leur réelle montée en puissance, leurs encours[8] restent six fois inférieurs à ceux de l'assurance vie !

Un immense effort d'« évangélisation » reste donc à entreprendre. D'autant qu'un grand nombre de Français cultive une méfiance « par principe » : les produits financiers hors Livret A et hors fonds euros sont presque tous jugés dignes de soupçon. La finance « responsable » n'y échappe pas totalement : « Il est plus facile de désintégrer un atome qu'un préjugé », prévenait déjà Albert Einstein… Il faut donc réconcilier les épargnants avec la finance. Pour cela, l'éducation financière devra être consolidée : un investisseur se sentant solide et bien renseigné passera plus aisément à l'action et investira plus naturellement hors des sentiers battus qu'un investisseur démuni et méfiant. En effet, quel marin accepterait de traverser l'Atlantique sur un voilier dont il ne comprend pas les ressorts ? L'éducation financière pourrait donc être un levier d'agilité et stimuler la curiosité du grand public à l'égard des placements « responsables ». La finance verte se démocratisera aussi si la finance « en général » finit par intéresser nos compatriotes ! Il faudra donc mieux former les particuliers aux produits financiers dans leur ensemble. Est-ce un hasard si 60 % des Français

6. Soit presque deux fois la richesse créée en un an en France – 2 800 milliards d'euros en 2018.

7. Les montants laissés sur les comptes courants atteignaient des records en 2020 et les fonds euros accumulaient encore près de 1 400 milliards d'euros.

8. Encours (à fin 2019) des fonds responsables commercialisés en France : 278 milliards d'euros.

pensent que les placements responsables sont « réservés à ceux qui s'y connaissent suffisamment » ?

Les distributeurs de placements (plates-formes internet, conseillers en gestion de patrimoine, conseillers bancaires) ont aussi un rôle croissant à jouer pour la démocratisation des placements responsables ! Mais sont-ils tous capables de conseiller efficacement les épargnants ? Sont-ils tous capables de distinguer le *greenwashing* des placements sincèrement engagés ? Sauraient-ils parler à leurs clients de la qualité des fonds « responsables » proposés ? De plus en plus d'acteurs financiers développant ces placements, les distributeurs seront peu à peu amenés aussi à s'y intéresser.

Enfin, faut-il vraiment souhaiter une explosion des encours et donc de la valeur des placements verts et éthiques ? Si de plus en plus d'investisseurs s'y ruent, une éventuelle bulle verte risque-t-elle d'apparaître ? De nombreux spécialistes appellent déjà à la prudence : l'attrait des placements « responsables » est tel que beaucoup y investissent par simple opportunisme (pour profiter de la vague) et sans réelle conviction de fond. La peur de « rater le train en marche » les pousse à sauter dedans quoi qu'il en coûte. Un phénomène « moutonnier » et auto-réalisateur, qui risque d'enfler les encours au-delà du potentiel de croissance réel des actifs ISR ou ESG. Une raison de plus de se méfier ? En plus, comme nous l'avons vu, acheter des actions vertes en Bourse n'augmente pas leur nombre : tout fonds ISR reprend les impacts environnementaux et sociaux existants à l'actionnaire qui lui vend ses titres. C'est un transfert de propriété et d'impact, et non pas une création d'actions vertes nouvelles.

La finance responsable n'en est pas moins une tendance de fond : elle répond à une attente de la société, notamment chez les jeunes qui sont les investisseurs de demain. Pour encourager cette tendance, ouvrir davantage de consciences et susciter des vocations, les bonnes performances financières actuelles sont en réalité un gage de crédibilité, et la meilleure des nouvelles.

Lexique

Actifs : ressources économiques qui peuvent être détenues ou contrôlées afin d'en retirer un profit ou un bénéfice futur. Les actifs peuvent être immobiliers (patrimoine immobilier, murs physiques ou SCPI) ou mobiliers (actions, obligations, warrants).

Actions gratuites : opération par laquelle une société décide, en accord avec ses actionnaires, d'attribuer gratuitement des actions à ces derniers, en proportion du nombre d'actions qu'ils détiennent préalablement à l'opération. Une entreprise peut aussi donner ses propres actions à ses salariés ou à ses dirigeants.

Allocation : désigne le fait d'investir les capitaux confiés par les clients sur tel ou tel actif. Choix d'investissement, fait d'allouer les capitaux.

AM : « *Asset Management* », c'est-à-dire en français « Gestion d'actifs ». Activité qui consiste à gérer les capitaux confiés par les épargnants – investisseurs pour en tirer le meilleur rendement possible, dans le respect des contraintes réglementaires et contractuelles.

Assurance vie : placement offrant une forme d'assurance. Elle doit en effet garantir le versement d'une certaine somme d'argent (capital ou rente) lorsque survient un événement lié à l'assuré : son décès ou sa survie.

Les « fonds euros », qui emmagasinent l'essentiel des encours de l'assurance vie, donnent droit à une garantie de 70 000 euros par contrat. Les « unités de compte », autre poche de l'assurance vie, ne garantissent en revanche pas l'argent versé, mais offrent les mêmes caractéristiques fiscales et successorales que les « fonds euros ».

Bitcoin : contraction des mots anglais *bit* (unité de mesure binaire) et *coin* (pièce de monnaie). Monnaie adossée à un système de paiement de pair-à-pair qui n'existe que sous forme numérique. Contrairement aux monnaies traditionnelles, le bitcoin n'est pas administré par une autorité bancaire unique, il fonctionne de manière décentralisée à travers un ensemble de nœuds. Au final, le bitcoin permet tout de même d'acheter des biens et des services ; il peut aussi être échangé contre d'autres devises même si son cours est particulièrement fluctuant.

Cantonnement : outil de gestion patrimoniale, il permet de recueillir une partie seulement des biens du défunt et d'abandonner le reste. Le bénéficiaire légal d'une succession renonce donc partiellement aux biens de son choix. Cet instrument de souplesse permet de faire bénéficier immédiatement les enfants ou autres héritiers des biens dont vous n'auriez plus l'utilité, dont la gestion est trop lourde ou est source d'inquiétude (résidence secondaire, portefeuille titres...).

Compte-titres : permet à l'épargnant d'investir sur des valeurs mobilières (actions, obligations...) françaises, européennes ou internationales. Contrairement au PEA, le titulaire n'est soumis à aucun plafond d'investissement. La fiscalité est au choix de l'investisseur :

soit les gains sont fiscalisés à hauteur de 30 % (prélèvements sociaux inclus), soit au barème progressif de l'impôt sur le revenu.

Critères ESG : critères « environnementaux, sociaux et de gouvernance ». Ces critères d'analyse qui permettent d'évaluer la prise en compte du développement durable et des enjeux de long terme dans la stratégie des entreprises, des placements ou des fonds. Selon la définition de Novethic, ces critères peuvent par exemple être : les émissions de CO_2, la consommation d'électricité, le recyclage des déchets pour le pilier E ; la qualité du dialogue social, l'emploi des personnes handicapées, la formation des salariés pour le pilier S ; la transparence de la rémunération des dirigeants, la lutte contre la corruption, la féminisation des conseils d'administration pour le pilier G.

***Data center* (ou centre de données)** : site physique regroupant des installations informatiques (serveurs, routeurs, commutateurs, disques durs...) chargées de stocker et de distribuer des données (*data* en anglais) à travers un réseau interne ou via un accès internet.

Les entreprises possédant des bases de données, tous les sites internet et les services de *cloud computing* hébergent leurs activités dans des *data centers*. L'accroissement des usages d'Internet devrait encore augmenter leur activité et leur dimension stratégique. Ils sont à ce jour responsables de 0,3 % des émissions mondiales de gaz à effet de serre. Selon l'association française The Shift Project, le numérique dans son ensemble était responsable de 3,7 % des émissions de CO_2 mondiales en 2018, contre 2,5 % en 2013.

Démembrement de propriété : consiste à diviser la pleine propriété d'un bien immobilier en deux parties, le nu-propriétaire (il possède les murs sans pouvoir en jouir ou les occuper) et l'usufruitier (il occupe les murs sans en être propriétaire). Ce montage patrimonial scelle le rapport entre les deux parties pendant une période définie contractuellement, et dans un cadre juridique parfaitement sécurisé depuis le Code Napoléon. Principal avantage : dans l'immobilier neuf, le démembrement permet au nu-propriétaire d'investir à moindre coût dans un bien immobilier. La ristourne se justifie dans la mesure où il n'aura pas l'usage du bien pendant la période de démembrement (le bien étant occupé par l'usufruitier). À l'issue de celle-ci, le nu-propriétaire deviendra pleinement propriétaire du bien, sans frais supplémentaires.

Directive Habitats : directive européenne du 21 mai 1992, elle concerne la préservation des habitats naturels de la faune et de la flore sauvages. Elle donne pour objectif aux États membres la constitution d'un « réseau écologique européen cohérent de zones spéciales de conservation dénommé Natura 2000 ».

Distributeurs de placements : pour attirer les investisseurs, les sociétés mettent en place un réseau de distribution pour commercialiser leur gamme de placements. La commercialisation peut être directe : les sociétés de gestion commercialisent alors leur gamme de fonds directement auprès des investisseurs. Elle peut aussi se faire via d'autres sociétés de gestion, des courtiers en ligne, des banques privées ou à réseau, des assureurs, des conseillers en gestion de patrimoine, des *family offices* qui, tous, tenteront de distribuer le produit auprès de (et si le travail est bien fait, au bénéfice de) leur clientèle.

Donation-partage transgénérationnelle : elle permet de transmettre des biens à d'autres descendants que ses enfants. Les biens donnés aux petits-enfants sont prélevés sur la part de *réserve héréditaire* de l'enfant. Attention : l'enfant, privé d'une partie de ses droits, peut s'opposer à la manœuvre.

Empreinte carbone : volume de CO_2 émis par un objet, une entreprise, un pays, un humain, de par son mode de vie ou de fonctionnement.

Encours : masse totale d'argent stockée sur les comptes courants par exemple, ou sous gestion dans le cadre d'un portefeuille d'actifs financiers. Exemple : le montant qui s'affiche sur votre compte courant est un « encours », il correspond au solde net des entrées et sorties de capitaux enregistrés sur votre compte. Dans le cadre d'un portefeuille d'actifs financiers, l'encours est la somme des capitaux confiés par les investisseurs (et donc sous gestion) nette des derniers retraits ou rachats effectués par ces derniers.

ENR : acronyme qui désigne les énergies dites « renouvelables » (dont le renouvellement naturel est assez rapide – soleil, marées, géothermie, vents… – pour qu'elles puissent être considérées comme inépuisables à l'échelle du temps humain).

Épargne salariale : système d'épargne collectif mis en place au sein de certaines entreprises. Le principe consiste à verser à chaque salarié une prime liée à la performance de l'entreprise (intéressement) ou représentant une quote-part de ses bénéfices (participation). Les sommes attribuées peuvent, au choix du salarié, lui être versées directement ou être déposées sur un plan d'épargne salariale.

Établissements publics d'aménagement (EPA) : ils ont pour objet de favoriser l'aménagement et le développement durable de territoires présentant un caractère d'intérêt national. Exemples : EPA de La Défense, EPA Paris-Saclay, EPA de Marne-la-Vallée, EPA Euratlantique à Bordeaux…

ETF : synonyme de « fonds passifs ».

FCPI : « fonds commun de placement dans l'innovation ». L'argent des investisseurs a vocation à favoriser le renforcement des fonds propres des PME françaises innovantes. Chaque FCPI investit l'argent au capital de plusieurs entreprises répondant au cahier des charges. Ces placements sont risqués pour l'investisseur (risque de pertes en capital si les sociétés dans lesquelles le FCPI investit ne croissent pas) mais constituent un moyen de réduire ses impôts (réduction d'impôt de 18 à 25 % des montants investis).

FCPR : fonds commun de placements à risque. Ce type d'investissement permet d'investir au capital d'entreprises non cotées en bourse. Il permet aussi, sous conditions, de bénéficier d'une fiscalité avantageuse en matière d'impôt sur le revenu et de plus-values. Ces fonds sont plutôt destinés à des investisseurs avertis.

Fonds : organismes de placement collectif (OPC), regroupant l'argent des investisseurs. Les sommes sont mises en commun (multipropriété) et gérées pour eux par le gestionnaire du fonds, qui acquiert pour leur compte des actions, obligations, ou d'autres types de valeurs dans le but de faire fructifier ou protéger les capitaux engagés.

Fonds en euros : fonds investis majoritairement en obligations et gérés par des compagnies d'assurance dans le cadre de l'assurance vie. Le capital investi sur les fonds en euros est en partie garanti, mais le rendement est en général faible. Les fonds en euros sont considérés comme des fonds sécuritaires par excellence.

Fonds passifs (syn. de « fonds indiciels ») : portefeuilles d'actions ou d'obligations dont l'objectif est de reproduire aussi fidèlement que possible les caractéristiques de rendement et de risque d'un indice de référence déterminé (CAC 40, cours du pétrole, cours de l'or, etc.).

Fonds propres : capitaux dont dispose l'entreprise. Ils ont été soit apportés par les actionnaires, soit acquis par l'activité économique.

GAFA(M) : acronyme de Google, Apple, Facebook et Amazon, auquels est parfois adjoint Microsoft. Les GAFA(M) sont les entreprises stars de la Silicon Valley californienne.

Gérant d'actifs : chargé de la gestion d'un portefeuille d'actions, d'obligations, d'actifs immobiliers (dans le cadre des SCPI)… Il est généralement spécialisé sur un type de produit. Un gérant d'actifs peut gérer son portefeuille pour le compte d'un ou de multiples clients (OPCVM, SICAV…) dans la mesure où ceux-ci lui ont confié les capitaux constitutifs du portefeuille. En Bourse, sa performance est facilement mesurable quotidiennement à travers le gain que réalise son portefeuille.

Gestion collective : consiste à regrouper son épargne avec les investissements d'autres épargnants au sein de portefeuilles, dans des organismes de placement collectif (OPC). Les sommes sont mises en commun et gérées pour eux par le gestionnaire du portefeuille, qui acquiert pour leur compte des actions, obligations, ou d'autres types de valeurs. La gestion collective se distingue ainsi de la gestion individuelle, qui consiste à investir en Bourse sans intermédiaire (via le compte-titres ou le PEA par exemple).

***Greenwashing* (ou éco-blanchiment)** : procédé de marketing ou de relations publiques utilisé dans le but de se donner une image de responsabilité écologique trompeuse. Le terme est souvent utilisé par des ONG pour stigmatiser les entreprises qui tentent d'afficher des préoccupations environnementales qu'elles sont loin d'avoir dans leurs pratiques. Cette pratique dessert les actions de sensibilisation réalisées par les associations et les pouvoirs publiques pour encourager la consommation de produits plus respectueux de l'environnement.

Immobilier passif : un bâtiment passif est un bâtiment chauffé passivement, c'est-à-dire qu'il ne comprend pas de système de chauffage actif comme par exemple un chauffage central. Le soleil, l'isolation, les calories émises par les appareils électriques et les habitants… suffisent, même en hiver, à maintenir le bâtiment à une température agréable.

Investissement socialement responsable (ISR) : l'ISR est en quelque sorte une application au domaine de l'investissement financier de la notion de développement durable. Elle consiste à choisir d'investir dans des entreprises / des placements ou des actifs immobiliers qui prennent en compte dans leur modèle de développement des notions qui ne sont pas uniquement financières mais de nature sociale, éthique et environnementale.

Livret A : compte d'épargne rémunéré dont les fonds sont disponibles à tout moment. Ce compte est sans frais et les intérêts versés sont exonérés d'impôt sur le revenu et de prélèvements sociaux.

Loi Pacte : la loi du 22 mai 2019 relative à la croissance et la transformation des entreprises, dite loi Pacte (Plan d'action pour la croissance et la transformation des entreprises), est destinée à faire grandir les entreprises françaises et repenser leur place dans la société. En effet, la France compte beaucoup moins d'entreprises de petite taille et de taille intermédiaire que ses voisins et notamment l'Allemagne, dont le tissu d'entreprises nourrit plus efficacement le marché de l'emploi.

Madelin : issu de la loi du 11 février 1994, ce placement a pour objectif de permettre aux travailleurs non salariés non agricoles (TNSNA) de bénéficier de compléments de pensions de retraite et de compléments de garanties de prévoyance personnelle constitués par des cotisations déductibles du bénéfice imposable.

Minage : désigne la validation d'une transaction réalisée en devise virtuelle en en cryptant les données et à l'enregistrer dans la *blockchain*. Les « mineurs » utilisent un logiciel pour résoudre un problème mathématique, résolution qui se traduit par la validation d'une transaction.

Moins-value : perte en capital, diminution de la valeur d'un placement. L'investisseur revend le placement à un prix inférieur à celui de l'achat.

Obligataire : qualifie le marché des obligations.

Obligations : titres de créance négociables, utilisés par les entreprises ou les États pour emprunter de l'argent sur les marchés financiers. En achetant des obligations, vous recevez un intérêt en rémunération de ce prêt – on l'appelle le « coupon » –, et au terme prévu, l'émetteur vous rembourse le montant emprunté.

ODD : « objectifs de développement durable ». Désignent les dix-sept objectifs établis par les États membres des Nations unies et qui sont rassemblés dans l'Agenda 2030. Cet agenda a été adopté par l'ONU en septembre 2015 après deux ans de négociations incluant les gouvernements comme la société civile. Il définit 169 cibles à atteindre à l'horizon 2030, communes à tous les pays engagés.

OPCI : « organisme de placement collectif immobilier ». Il offre à l'investisseur un produit d'épargne associant actifs immobiliers et financiers, c'est-à-dire une certaine sécurité doublée d'une liquidité (possibilité d'acheter ou revendre lorsqu'on le souhaite) plus importante que les produits immobiliers classiques. Les OPCI sont accessibles sous forme de parts via un compte-titres ou un contrat d'assurance vie.

PEA : « plan d'épargne en actions ». Il permet d'acquérir et de gérer un portefeuille d'actions d'entreprises européennes, tout en bénéficiant, sous conditions, d'une exonération d'impôt. Le plafond du PEA bancaire est de 150 000 euros. Son calcul ne prend pas en compte les gains réalisés depuis l'ouverture du plan. La fiscalité dépend de la date des retraits.

PEE : « plan d'épargne entreprise ». Il permet aux salariés de se constituer une épargne sous la forme d'un portefeuille de valeurs mobilières, avec l'aide de leur entreprise. Bloquées pendant cinq ans minimum, les sommes détenues proviennent des versements volontaires des salariés et de l'abondement de l'entreprise. Le PEE peut aussi être abondé par l'intéressement et la participation.

PER : « plan d'épargne retraite ». Nouveau produit disponible depuis le 1er octobre 2019, il remplace progressivement les autres plans d'épargne retraite. Le PER offre un avantage fiscal à l'entrée : les sommes versées au cours d'une année sont déductibles des revenus imposables de cette année, dans la limite d'un plafond global fixé pour chaque membre du foyer fiscal. Il offre aussi le choix à l'investisseur une fois à la retraite (ou plus tôt dans certains cas) de sortir en capital ou en rente… une liberté plus grande que dans le PERP (sortie essentiellement en rente).

Performance : capacité pour un placement à créer de la valeur (rendement et plus-values) à plus ou moins long terme.

PERP : « Plan d'épargne retraite populaire ». Produit d'épargne à long terme, il vous permet d'économiser pendant votre vie active et d'avoir à la retraite une rente viagère et sur option un capital. Le PER remplace le PERP depuis octobre 2019.

Point de base : dans le jargon économique et financier, un point de base désigne un centième de pourcent, c'est-à-dire 0,01 %. Par exemple, si la Banque centrale européenne remonte ses taux directeurs de 1,50 % à 1,70 %, on dit que les taux directeurs de la BCE ont augmenté de 20 points de base.

Produits / fonds indiciels : portefeuilles d'actions ou d'obligations dont l'objectif est de reproduire aussi fidèlement que possible les caractéristiques de rendement et de risque d'un indice de référence déterminé (CAC 40, cours du pétrole, cours de l'or, etc.).

Produits financiers : instruments mis à la disposition du public et des professionnels pour placer leur argent afin de le protéger et/ou de le faire fructifier. Les produits financiers sont en général des titres de capital (actions), des titres de créance (obligations), des parts de placements collectifs (fonds de gestion). Les « placements » ont une acception plus large et incluent par exemple les enveloppes fiscales (assurance vie, livrets) ou encore les produits d'investissement immobiliers.

Quartile : désigne un groupe se distinguant de l'ensemble auquel il appartient pour au moins 25, 50 ou 75 %. Exemple : le « quartile des entreprises les plus mal notées » désigne celles dont les notes sont pires que celles d'au moins 75 % de l'ensemble des entreprises étudiées. Il s'agit donc des 25 % (voire moins) d'entreprises de l'ensemble.

Reporting : communication de données. Il consiste en la présentation de rapports sur les activités et les résultats d'une entreprise ou de toute autre organisation.

SBF 120 : indice boursier regroupant les 120 sociétés dont la capitalisation et la liquidité sont les plus importantes du marché français. Il regroupe les sociétés du CAC 40 et celles du SBF 80.

SCPI : « société civile de placement immobilier ». Sa vocation première est l'acquisition et la gestion d'un patrimoine immobilier locatif dans l'optique de dégager un rendement. La SCPI investit l'argent collecté auprès des particuliers dans le cadre d'un placement collectif. Les particuliers qui auront investi perçoivent un rendement régulier (rendement brut de 4,4 % en 2019) issu de la collecte des loyers. Supervisées par l'AMF, les SCPI investissent essentiellement dans l'immobilier tertiaire (bureaux, commerces…).

SICAV : « société d'investissement à capital variable ». Le but d'une SICAV est, comme un fonds commun de placements, de centraliser les capitaux de plusieurs investisseurs pour diluer les risques et partager les bénéfices. La forme juridique est néanmoins différente de celle d'un FCP : il s'agit d'une société pouvant être potentiellement autogérée (administrée sans société de gestion) et dont on est actionnaire pourvu de droits de vote, synonyme de moyen d'expression au cours de l'assemblée générale annuelle ; ce droit n'existe pas dans un fonds commun de placements (forme la plus courante de fonds) qui n'est qu'une simple copropriété de valeurs mobilières dont on détient des parts.

SIIC : « société d'investissement immobilier cotée ». C'est une entreprise foncière cotée en Bourse, c'est-à-dire une entreprise spécialisée dans l'acquisition (ou la construction), la détention et la gestion de patrimoines immobiliers et dont une partie du capital est cotée en bourse. La fiscalité qui s'applique sur les plus-values et les revenus n'est pas imposée au niveau de la Foncière elle-même, mais directement au niveau de ses actionnaires. Exemples de SIIC : Unibail-Rodamco, Klépierre, Mercialys…

Smart grids : réseaux électriques intelligents. Grâce à des technologies informatiques collectant des informations sur l'état du réseau, ils contribuent à accroître l'efficacité des échanges électriques. Les *smart grids* travaillent à une meilleure adéquation entre production, distribution et consommation.

Sociétés de gestion : sociétés qui gèrent des actifs, souvent pour compte de tiers. L'Autorité des marchés financiers les agrée et les suit.

Stagflation : mot-valise, contraction à la fois de « stagnation » et « inflation ». Situation d'une économie qui souffre simultanément d'une croissance faible ou nulle (stagnation) et d'une forte inflation (c'est-à-dire une croissance rapide des prix). Cette situation est souvent accompagnée d'un taux de chômage élevé.

***Subprimes* (crise des)** : crise financière qui a touché le secteur des prêts hypothécaires aux États-Unis en 2007, puis s'est muée en crise bancaire mondiale en 2008. Cette crise a entraîné, depuis, une plus forte régulation du secteur bancaire dans le monde, par exemple une hausse des fonds propres demandés aux banques avant d'investir dans des produits risqués.

Trackers : synonyme de « ETF » et « fonds passifs ».

Transition : la transition environnementale est une évolution vers un modèle de développement plus durable qui renouvelle nos façons de consommer, de produire, de travailler, de se déplacer pour répondre aux grands enjeux environnementaux, ceux du changement climatique, de la rareté des ressources…

Usufruit locatif social : l'usufruit du bien est détenu par un bailleur social tandis que sa nue-propriété appartient à un investisseur privé. Le bailleur social loue les logements à des ménages sous conditions de ressources, moyennant des loyers sociaux ou intermédiaires.

Index

A

Afer Retraite Individuelle 167
Afnor Certification 105
Agence de la transition écologique (Ademe) 74
Agence française de développement (AFD) 14, 159
Agence internationale de l'énergie (AIE) 26, 47, 88
Agipi 167
Air Liquide 126
Alibaba 144
Allianz 161, 187
Amazon 85, 142-144, 239
Amiral Gestion 164
Amplegest 164
Amundi 187
Apple 142, 239
Aramco 133
Arcelor-Mittal 131
Association française de gestion 78, 198
Association française de gestion financière 78
Association française d'épargne et de retraite 167
Association française des sociétés de placement immobilier (Aspim) 198
Audirep 18, 104, 160, 168
Autorité de contrôle prudentiel et de résolution (ACPR) 11, 81
Autorité des marchés financiers 111, 173, 246
Aviva 167, 187
Axa 42, 167
Axylia 16, 63, 100, 156

B

Banque centrale européenne (BCE) 23-24, 80, 184, 243
Banque de France 80-81, 108, 169
Banque mondiale 11, 81
Banque Populaire Caisse d'Épargne (BFCE) 43, 107
BioMérieux 137
Birdeo 75
BlackRock 12, 45-46, 80, 89, 125, 130, 154-155, 225-226
BNP Paribas 42, 84, 107, 136, 179, 187
BNP Paribas Asset Management 107
Boeing 131-132
Bonduelle 141
BP 44, 121
British American Tobacco 123
British Petroleum 72

C

CAC 4034, 83, 85, 88, 96, 108-109, 129-130, 148, 151, 153, 239, 244
Carbone 4 52, 58-60
CDP 101, 112, 184, 225
Child Care 90
CIES 162
Citigroup 83
Climetrics 112
CNRS 66, 72
Commissariat général au développement durable 67
COP21 25, 29
CPR AM 101

D

Daimler 226
Danone 37, 126
Deeptinvest 199-201, 209
Deutsche Bank 80, 133
DNCA 112, 137
Domaines et patrimoine 219
DONG Energy 33

E

École polytechnique 68
Eco Solutions 123
EHESS 72
Equileap 90
ETF 45, 90, 152-156, 238, 246, 261
Eurofins Scientific 137
Euronext 125-126, 153
Euro Stoxx TR 90
ExxonMobil 44
EY France 105, 112

F

Facebook 85, 103, 142-143, 239
FAR PER 167
Finansol 113-114, 162, 171, 178-179, 226, 260
Fonds communs de placement dans l'innovation (FCPI) 87, 174-175, 238, 262
foret-patrimoine.com 219
Forum de l'investissement responsable (FIR) 107, 117, 157
Forum officiel des institutions monétaires et financières (OMFIF) 80

G

GAFAM 144
Gender Equality 90, 155
Global Investor Study de Schroders 160, 162
GPFG 44
Greenfin 18, 104, 111-112, 119-120, 122, 129, 155, 162, 184, 191, 198, 224, 260
GreenIT.fr 70
Greenpeace France 148
Groupe Gambetta 194
groupementforestier.com 219

H

Heineken 126

I

Icade 209
Ifop 107, 117, 157-158
Inspection générale des Finances 19, 161

Institut du Pacifique 134
Institute for Climate Economics 19, 161
Institute for Energy Economics and Financial Analysis 33
Intertrust 123

J

JP Morgan AM 12

K

Kering 36, 126, 141
Kusmi Tea 37
Kyaneos AM 203

L

La Financière de l'Échiquier 89, 92, 118
La Française AM 97
Legrand 96
Lemanik AM 90
Loi Pacte 224, 241
Lyxor AM 155

M

Macif 167
Mazars 80
Meeschaert AM 141
Michelin 34-35, 90, 97
Microsoft 38, 85, 142-143, 239
Mirova 11, 43, 50, 62, 101, 123
Molinari 148
Montpensier Finance 15, 138
Moody's 116
Morningstar 12, 15, 115, 136, 156, 171
Mosaiq 28
MSCI 15, 89, 116, 142, 156
MSCI Research 89
Muséum national d'histoire naturelle 59
Mutavie 167

N

Natixis 43, 107, 171
Nexity 209, 263
NGFS 81
Nokia 126

Novethic 13, 18, 77, 100, 108-109, 112, 117, 129, 158, 170, 187, 235

O

Observatoire de l'immobilier durable (OID) 197, 205
OFI AM 85, 133, 187
Oradéa Vie 167
Organisation de coopération et de développement économiques (OCDE) 42, 57
Organisation des Nations Unies pour l'alimentation et l'agriculture (FAO) 53
Organisation maritime internationale 35
Organisme de placement collectif immobilier (OPCI) 197, 199, 208, 242
Ørsted 33

P

Palatine 140
Paris School of Economics 84
Peabody Energy 226
Périal 204
Plan d'épargne entreprise (PEE) 107, 114, 242-243
Primonial 205
Primovie 204
PSA 34

Q

QE 24
Quantalys 78, 94, 115, 136, 259

R

Règlement général sur la protection des données (RGPD) 143
Repsol 84, 121
Robeco 90
Robertet 90
RTE 26
Ryanair 123

S

Saint-Gobain 36
Sanofi 137
Scor 90
Seb 141
Shell 33, 121
Société civile de placement immobilier (SCPI) 197, 199-201, 203-209, 219, 221, 233, 239, 244-245, 263
Société générale 85, 131, 167
State Street 154-155
Suez 97, 135
Sustainalytics 85, 115-116, 131
Sycomore AM 16, 54, 74, 90, 96, 102, 123, 144, 150-151

T

The Good Economy 102
Thematics AM 135
Thermador 96
The Shift Project 235
Tobacco Free Portfolios 43
Total 23, 32-33, 44, 119-123

U

UK Sustainable Investment and Finance Association 167
UniCredit 78
Université de Californie à Los Angeles (UCLA) 64

V

Valeurs féminines 90
Vanguard 154
Veolia 135
Vigeo Eiris 107, 116-117
Vinci 126
Volkswagen 65, 131

W

Wall Street 38, 52, 142, 224
Wirecard 116, 132
Worldline 85, 132, 143
WWF 37, 52, 55-56

Table

Introduction 9

1 – Un monde allant « vert » ! 21

Des paroles et des actes 25

Une prise de conscience mondiale 27

Vers un nouveau « California Dream » ? 30

Les entreprises aux commandes 30

Même le pétrole veut devenir vert ! 31

Les entreprises, missionnaires des temps modernes ? 33

Des voitures bientôt moins polluantes 34

Tous les secteurs dans les *starting-blocks* 36

Les petites entreprises ne sont pas en reste 37

Les fines fleurs de la « Tech » veulent aussi verdir 38

Une occasion unique de redonner du sens au capitalisme 38

La finance verte pousse vite et fort 41

Mais tout n'est pas rose... 44

2 – Le coût de l'inaction 49

Combien l'érosion des côtes coûte-t-elle ? 50

La biodiversité enrichit nos économies 53

479 milliards de dollars par an... 55

La biodiversité française en danger 56

Le coût de la pollution de l'air 57

L'heure des leurres ? 57

Ces amis qui ne vous veulent pas que du bien... 62

Investir dans les véhicules électriques, est-ce propre ? 63

Le carton de Tesla (véhicules électriques) en Bourse 65

Investir dans les éoliennes et le solaire est-il propre ? 65

Champions du monde de la délocalisation des émissions 67

Le double visage des lignes grande vitesse 67

Quels objectifs suivre ? 69

Vraiment « immatériel » ? 70

Face au réchauffement climatique, la bataille sémantique ! 71

La « transition » pour cap ultime ? 72

Une gestation rapide mais douloureuse 73

Un secteur qui recrute ! 75

3 – Des placements durables, rentables et moins risqués ! 77

Investir « responsable » pour limiter les chocs économiques..79

La valeur verte..79

Les banquiers face aux risques 82

Ce qui pollue va coûter plus cher ! 82

Le coût du risque..85

Le meilleur des deux mondes ? 86

L'ISR, meilleur vaccin anti-crise ? 88

Les femmes dirigeantes valorisent les entreprises ! 89

Le bonheur est productif ! 91

Le match des investissements « responsables » 92

Les jeunes, créateurs de valeur(s) !..92

Le palmarès des sociétés-modèles
Classement Quantalys des sociétés les plus représentées dans les fonds ISR à vocation « sociale » :.......94

Le handicap des start-up..94

Les entreprises « citoyennes » plus attractives ? 95

La force du capital humain..97

4 – ISR, des investissements « sincèrement » responsables? ... 99

Le label ISR pour certifier l'engagement des placements ... 104

Une course au label ... 107

Comment investir dans les placements ISR? ... 107

ISR, pour « investissements sincèrement responsables »? ... 108

L'AMF s'attaque au greenwashing ... 110

Le label Greenfin ... 111

Le label Finansol ... 113

Les clés pour devenir épargnant solidaire ... 114

Mieux noter les fonds ... 115

Trop d'offres « tue » l'offre! ... 116

Quels investissements « responsables » privilégier? ... 118

Cinquante nuances de vert ... 119

Exclure les groupes polluants est-il fructueux? ... 122

Quelques entreprises exclues des fonds « responsables » à début 2020 ... 123

Une part de greenwashing aussi? ... 123

Un palmarès des entreprises responsables ... 125

Docteur Jekyll et Mister Hyde ... 126

5 – La Bourse est-elle vraiment (f)utile? ... 129

Les « Géants verts » de la Bourse ... 133

En Bourse, l'eau sort du lot! ... 134

L'« or bleu », c'est du solide! ... 136

Investir dans la santé ... 136

Une bulle verte? ... 137

Les limites de la Bourse ... 139

Les entreprises familiales, l'autre investissement durable! ... 140

La Tech : des valeurs en toc? ... 142

L'empreinte des cryptomonnaies ... 144

ISR et dividendes : « Je t'aime, moi non plus! » ... 145

Le pouvoir positif des actionnaires ... 148

Des particuliers de plus en plus actifs dans les assemblées générales ... 150

L'ISR face aux rachats d'action ... 151

ETF *versus* Environnement ... 151

Les meilleurs ETF ESG ... 155

6 – Les placements éthiques les plus performants ... 157

Accroître la visibilité des produits ISR ... 160

Un manque d'informations criant ... 162

Redorer le blason de la Bourse ... 163

Le sens de l'histoire ... 165

Quelques-uns des PER « responsables » disponibles sur le marché ... 167

Les retraites, tremplin pour l'ISR! 168
Les unités de compte, futur moteur de l'ISR 168
L'impact de la loi Pacte 170
L'épargne salariale : discrète et efficace! 170
Financer le non-coté 172
Les FIP et FCPI servent-ils les causes « responsables »? 174
La philanthropie aussi, ça rapporte! 175
Des livrets nécessaires, mais insuffisants 177
Les banques solidaires! 179
Transmettre vos valeurs 179
Transmettre un patrimoine 180
La France, championne mondiale de l'ISR? 183
Le boom des obligations sociales 185
Les limites de la réglementation 185
Un marché très concentré 187

7 – L'immobilier constructif et la terre 189

Un secteur encore loin du compte 190
L'étalement urbain, jusqu'où? 191
Retard parisien 194
Villes infinies 196
Une offre verte qui se structure 196
Le « carnet de santé » des logements 199

Les SCPI ont une grande marge de progression! 200

Les SCPI en retard sur les critères sociétaux 201

Pourtant, investir responsable est rentable! 201

Les bonnes performances des SCPI « responsables » 204

Une réglementation bénéfique pour l'immobilier durable! 205

Quels objectifs pour l'immobilier durable? 207

L'offensive Nexity 209

Double-Face 209

Le « Pinel » : une aide sociale au logement! 212

Acheter en démembrement est un acte solidaire! 213

Les particuliers doivent-ils se lancer dans des travaux de rénovation énergétique? 213

Les bailleurs sous pression 216

Les bienfaits du coliving 217

Les forêts, pour oxygéner vos placements! 218

L'arbre qui cache la forêt 219

Les vignes, un choix foncièrement responsable? 221

Des placements viticoles et solidaires! 222

Conclusion 223

Lexique 233

Index 249

Achevé d'imprimer par Présence Graphique,
en novembre 2020
N° d'imprimeur : 112067421

Dépôt légal : février 2021

Imprimé en France